Dr. Jaerock Lee

Fé:
A
Certeza
Daquilo
Que
Esperamos

URIM
BOOKS

*"Ora, a fé é a certeza daquilo que esperamos
e a prova das coisas que não vemos.
Pois foi por meio dela que os antigos receberam
bom testemunho. Pela fé entendemos que
o universo foi formado pela palavra de Deus,
de modo que aquilo que se vê não foi feito do que
é visível."*

(Hebreus 11:1-3)

Fé: A Certeza Daquilo Que Esperamos, escrito por Dr. Jaerock Lee
Publicado pela Livros Urim (Representante: Kyungtae Noh)
73, Yeouidaebang-ro 22-gil, Dongjak-gu, Seul, Coréia
www.urimbooks.com

Os textos das referências bíblicas foram extraídos da Bíblia de Nova Versão Internacional (NVI), salvo indicação específica.
Utilizado sob permissão.

Copyright © 2015 por Dr. Jaerock Lee
ISBN: 978-89-7557-116-9 03230
Translation Copyright © 2010 por Dr. Esther K. Chung. Usado sob permissão.

Publicado anteriormente em coreano pela Livros Urim, em 1990

Primeira Publicação em setembro de 2015

Editado por Dra. Geumsun Vin
Design criado pelo Editorial da Livros Urim
Impresso pela Yewon em Seul, Coréia
Para maiores informações, favor contactar urimbook@hotmail.com

Prefácio

Acima de todas as coisas, dou toda glória e agradecimento ao Deus Pai que nos direcionou a publicar este livro.

Deus, que é Amor, enviou o Seu único Filho, Jesus Cristo, como sacrifício redentor à humanidade, que estava condenada à morte por causa do pecado desde a desobediência de Adão, e abriu-nos o caminho da salvação. Com fé nesse fato, qualquer pessoa que abre o seu coração e aceita Jesus Cristo como seu Salvador tem os pecados perdoados, recebe o dom do Espírito Santo, e é reconhecido como filho de Deus. Como filha de Deus, a pessoa pode receber respostas a tudo aquilo que pedir a Ele com fé; e o resultado de tudo é vida abundante, sem a falta de nada, e a habilidade de vencer o mundo.

A Bíblia nos diz que os patriarcas da fé creram no poder de Deus, que cria as coisas do nada, e eles experimentaram Suas incríveis obras. O nosso Deus é o mesmo ontem, hoje e amanhã, e com o Seu poder supremo, Ele continua operando as mesmas obras na vida daqueles que creem e praticam a Sua palavra registrada na Bíblia.

No meu ministério, nos últimos dez anos, já pude testemunhar inúmeros membros da Manmin que antes sofriam, mas receberam respostas aos seus problemas, ao crerem e obedecerem à palavra da verdade, podendo glorificar grandemente o nome de Deus. A palavra de Deus diz: *"desde os dias de João Batista até agora, o Reino dos céus é tomado à força, e os que usam de força se apoderam dele"* (Mateus 11:12). Ao crerem, labutarem e praticarem a palavra de Deus a fim de possuírem fé, eu os achava mais preciosos do que qualquer outra coisa.

Esta obra é para aqueles que desejam profundamente ter uma vida vitoriosa com uma fé verdadeira, espalhando o amor de Deus e compartilhando o evangelho do Senhor para a Sua glória. Durante as duas últimas décadas, eu preguei muitas mensagens de título "Fé"; e para a publicação deste livro, fiz uma seleção e edição de tais pregações. Desejo que esta obra *"Fé: A Certeza Daquilo Que Esperamos"*, desempenhe um papel de farol para o leitor, guiando muitas almas a terem uma fé verdadeira.

O vento sopra onde quer e é invisível aos nossos olhos. Contudo, quando vemos as folhas das árvores balançando ao vento, podemos ver que ele é real. Da mesma forma, embora você não consiga ver Deus a olhos nus, Ele está vivo e realmente existe. É por isso que, de acordo com a sua fé Nele, você poderá vê-Lo, ouvi-Lo, sentir a Sua presença e ter experiência com Ele. Você é quem determina a intensidade dessas experiências.

Jaerock Lee

Conteúdo

Capítulo 1

—— ✥ ✥ ——

Fé Carnal e Fé Espiritual

Hebreus 11:1-3

Ora, a fé é a certeza daquilo que esperamos e a prova das coisas que não vemos. Pois foi por meio dela que os antigos receberam bom testemunho. Pela fé entendemos que o universo foi formado pela palavra de Deus, de modo que aquilo que se vê não foi feito do que é visível.

Todo pastor tem prazer em ver que o seu rebanho tem uma fé verdadeira e glorifica a Deus com a mesma fé. De um lado, quando algumas de suas ovelhas dão testemunho do Deus vivo e testificam de suas vidas em Cristo, o pastor pode se alegrar e ficar mais fervoroso ainda no desempenho do dever que lhe foi dado por Deus. De outro lado, quando algumas outras ovelhas não melhoram a qualidade de sua fé e caem em tribulações e aflições, o pastor se entristece e o seu coração é atribulado.

Sem fé, não só é impossível agradar a Deus e receber Suas respostas, mas também é bem difícil ter esperança pelo céu e ter uma vida adequada de fé.

A fé é o fundamento mais importante da vida cristã. É o atalho para a salvação e uma necessidade essencial para se receber as respostas de Deus. Nos nossos tempos, como as pessoas não fazem a mínima ideia da definição correta de fé, muitas delas acabam não tendo uma fé verdadeira, e, logo, não têm certeza de sua salvação. Elas não andam na luz nem são respondidas por Deus, apesar de confessarem sua fé Nele.

A fé é dividida em duas categorias: Fé carnal e fé espiritual. Este primeiro capítulo lhe explica sobre a fé verdadeira e como receber as respostas de Deus e ser guiado pelo caminho da vida eterna através da fé.

Fé Carnal

Quando você crê naquilo que vê com seus olhos e nas coisas que são aceitáveis ao seu pensamento e conhecimento, sua fé é do tipo "fé carnal." Com essa fé você só consegue crer nas coisas que são criadas a partir do que é visível. Por exemplo, com ela, você crê que uma escrivaninha é feita de madeira.

A fé carnal é também chamada de "fé como conhecimento." Com ela, você crê somente naquilo que está de acordo com o conhecimento armazenado em seu cérebro e seus pensamentos. Você pode acreditar, sem nenhuma sombra de dúvida, que uma escrivaninha é feita de madeira porque viu ou soube que assim é e tem o entendimento do fato.

As pessoas possuem um sistema de memória no cérebro onde, desde o nascimento, colocam vários tipos de conhecimento. Nas células cerebrais, elas armazenam o conhecimento que viram, ouviram e adquiriram por meio de seus pais, irmãos e irmãs, amigos e vizinhos; e são ensinadas em escolas, utilizando sempre o conhecimento armazenado de acordo com a necessidade.

Não é todo conhecimento armazenado no cérebro que está de acordo com a verdade. A Palavra de Deus é a verdade, pois ela permanece para sempre; enquanto o conhecimento do mundo muda facilmente e é a mistura da verdade com a inverdade.

Como as pessoas do mundo não têm o total entendimento da verdade, elas não se dão conta das inverdades, utilizando-as mal, como verdades. Por exemplo, creem que a teoria da evolução é correta, pois só aprenderam essa teoria na escola, sem conhecer a palavra de Deus.

Aqueles que aprenderam apenas o fato de que as coisas são feitas a partir de algo que já existe, não conseguem crer que algo é feito do nada.

Quando uma pessoa que tem uma fé carnal é forçada a acreditar que algo é feito do nada, o conhecimento que ela armazenou e creu ser certo desde o nascimento a impede de consegui-lo, fazendo-a duvidar e, portanto, não poder crer.

No terceiro capítulo de João, uma autoridade entre os judeus chamada Nicodemos foi até Jesus e compartilhou uma conversa espiritual com Ele. Durante a conversa, Jesus o desafiou dizendo: *"Eu lhes falei de coisas terrenas e vocês não creram; como crerão se lhes falar de coisas celestiais?"* (v. 12)

Quando você começa a sua vida cristã, você armazena o conhecimento da palavra de Deus dentro de si, à medida que a ouve. Entretanto, você não consegue crer completamente desde o início e a sua fé é considerada carnal. Com essa fé carnal, dúvidas surgem e você não consegue viver segundo a palavra, comunicar-se com Deus, e receber o Seu amor. É por isso que a fé carnal é também chamada de "fé sem atitudes", ou "fé morta."

Com a fé carnal você não pode ser salvo. Em Mateus 7:21 Jesus disse: *"Nem todo aquele que me diz: 'Senhor, Senhor', entrará no Reino dos céus, mas apenas aquele que faz a vontade de meu Pai que está nos céus"* e, em Mateus 3:12, *"Ele traz a pá em sua mão e limpará sua eira, juntando seu trigo no celeiro, mas queimará a palha com fogo que nunca se apaga."* Em suma, se você não praticar a palavra de Deus e a sua fé for uma fé sem obras, você não poderá entrar no reino dos céus.

Fé Espiritual

Quando você crê nas coisas que não podem ser vistas e não se encaixam em pensamentos ou conhecimento humano, pode-se considerar que a sua fé é espiritual. Com a fé espiritual, você consegue crer que algo é feito a partir do nada.

A respeito da fé espiritual, Hebreus 11:1 traz a seguinte definição: *"Ora, a fé é a certeza daquilo que esperamos e a prova das coisas que não vemos."* Em outras palavras, quando você olha para as coisas com olhos espirituais, elas se tornam realidade para você, e quando você olha com os olhos da fé para aquilo que não é visto, a convicção pela qual você consegue crer se revela. Na fé espiritual, o que não pode ser feito com fé carnal, que é a fé conhecida como "a fé como conhecimento", se faz possível e é revelado como realidade.

Por exemplo, quando Moisés viu as coisas com os olhos da fé, o Mar Vermelho se dividiu e o povo de Israel o atravessou, em terra seca (Êxodo 14:21-22). Quando Josué, sucessor de Moisés, e o seu povo olharam a cidade de Jericó e marcharam ao seu redor por 7 dias e depois gritaram diante do seu muro, ele caiu por terra (Josué 6:12-20). Abraão, o pai da fé, pôde obedecer à ordem de Deus e oferecer seu único filho, Isaque, que era semente da promessa de Deus, porque creu que Ele seria capaz de ressuscitá-lo (Gênesis 22:3-12). Essas, pois, constituem uma razão pela qual a fé espiritual é chamada de "fé acompanhada por atitudes" e "fé viva."

Hebreus 11:3 diz: *"Pela fé entendemos que o universo foi formado pela palavra de Deus, de modo que aquilo que se vê não foi feito do que é visível."* Os céus e a terra e todas as coisas que neles existem, incluindo o sol, a lua, as estrelas, árvores, pássaros, peixes e animais foram criados pela palavra de Deus, e Ele criou a espécie humana a partir do pó da terra. Tudo isso foi feito do nada, e nós podemos crer e entender esse fato só com a fé espiritual.

Todas as coisas foram criadas, não por aquilo que nos é visível, mas pelo poder de Deus, isto é, pela Sua palavra. É por isso que confessamos que Deus é onipotente e onisciente, e que

Dele podemos receber qualquer coisa que pedirmos pela fé. Isso porque Ele é nosso Pai e nós somos Seus filhos; assim tudo nos é feito de acordo com o tanto que cremos.

A fim de ser respondido e experimentar milagres pela fé, você deve transformar a sua fé carnal em fé espiritual. Em primeiro lugar, você precisa entender que o conhecimento armazenado em seu cérebro desde o nascimento e a fé carnal formada com base nele lhe impedem de ter fé espiritual. Você tem de destruir o conhecimento que lhe traz dúvidas e se livrar de todo conhecimento prejudicial à verdadeira fé que está armazenado em seu cérebro. Quanto mais você ouve e entende a palavra de Deus, o conhecimento do espírito se acumula dentro de você. Depois, existe um ponto em que, ao você testemunhar os sinais e maravilhas que acontecem pelo poder de Deus e ter contato com obras do Deus vivo, manifestada em vários testemunhos de crentes, dúvidas se vão e a fé espiritual cresce.

Quanto mais sua fé espiritual cresce, mais você consegue viver segundo a palavra de Deus, ter comunicação com Ele e receber Suas respostas. Por fim, quando suas dúvidas se vão completamente, você pode ficar firme sobre a rocha da fé e ser considerado como alguém cuja fé é forte, e, por meio dela, poderá ter uma vida vitoriosa sempre, independente da vida do teste ou da tribulação.

Com essa rocha de fé, Tiago 1:6 nos adverte: *"Peça-a,*

porém, com fé, sem duvidar, pois aquele que duvida é semelhante à onda do mar, levada e agitada pelo vento" e Tiago 2:14 nos pergunta: *"De que adianta, meus irmãos, alguém dizer que tem fé, se não tem obras? Acaso a fé pode salvá-lo?"*

Portanto, gostaria muito de lembrá-lo de que só quando você se livra de toda dúvida, fica firme sobre a rocha da fé e tem obras de fé é que pode considerar que a sua fé é espiritual e verdadeira e, por ela, você pode ser salvo.

A Fé Verdadeira e a Vida Eterna

A parábola das dez virgens registrada no 25º capítulo de Mateus nos serve com diversos ensinamentos. Ela diz que dez virgens tomaram suas lâmpadas e foram encontrar com o noivo. Cinco delas foram prudentes – levaram azeite consigo e foram aptas a recebê-lo, mas as outras cinco, como foram tolas e não levaram azeite consigo, não puderam fazê-lo. Essa parábola nos explica que entre os crentes há quem tem uma vida cristã fiel e está se preparando para a volta do Senhor com fé espiritual e será salvo; e quem não tem se preparado adequadamente, não podendo ter a salvação, já que sua fé é morta, vez que não é acompanhada por obras.

Em Mateus 7:22-23, Jesus nos desperta dizendo que muitos, mesmo tendo profetizado, expulsado demônios e operado milagres em Seu nome, não poderão ser salvos. Isso é porque eles são joio – não cumpriram a vontade de Deus, mas praticaram o que bem entendiam e pecaram.

Como podemos discernir o que é trigo e o que é joio? O *Dicionário do Aurélio (dicionariodoaurelio.com)* define 'joio' como 'Planta da família das gramíneas, de sementes tóxicas, comum nos prados e nas culturas, que prejudica o crescimento dos cereais.' Espiritualmente, o joio simboliza os crentes que parecem viver seguindo a palavra de Deus, mas cometem maldades sem ter seus corações transformados pela verdade. Eles vão à igreja todo domingo, dão o dízimo, oram a Deus, cuidam de membros mais fracos e servem à igreja; mas fazem tudo isso diante de Deus para se mostrarem aos outros ao seu redor. É por isso que são categorizados como o joio que não pode receber a salvação.

O trigo se refere aos crentes que se transformaram em pessoas espirituais pela palavra da verdade de Deus, possuem a fé que não é abalada em nenhuma circunstância e não se desviam nem para a direita, nem para a esquerda. Eles fazem tudo pela fé: jejuam e oram a Deus pela fé, para que possam receber Suas repostas. Não agem como por obrigação, mas fazem tudo com alegria e ações de graças. Uma vez que agem pela fé, suas almas prosperam, tudo vai bem com eles e eles desfrutam de boa saúde.

Agora gostaria de incentivar você a se examinar, para ver se você tem adorado a Deus em espírito e verdade ou dormido, seguido pensamentos ociosos e julgado a palavra de Deus durante os cultos. Você também deve olhar para dentro de si mesmo e ver se tem dado as ofertas com alegria ou semeado sem querer e de qualquer forma, só para aparecer para os outros. Quanto mais a sua fé espiritual se fortalecer, mais obras o acompanharão. Quanto mais você pratica a palavra de Deus, mais você recebe uma fé espiritual e habita no amor e bênção de Deus, caminha com Ele e é bem sucedido em tudo. Todas as bênçãos registradas na Bíblia vêm sobre você, pois Deus é fiel às Suas promessas, como está escrito em Números 23:19: *"Deus não é homem para que minta, nem filho de homem para que se arrependa. Acaso ele fala, e deixa de agir? Acaso promete, e deixa de cumprir?"* Contudo, se você tem ido aos cultos, orado regularmente e servido diligentemente na igreja, mas não tem recebido os desejos do seu coração, então precisa entender que tem alguma coisa errada da sua parte.

Se a sua fé for verdadeira, você seguirá e praticará a palavra de Deus. Em vez de insistir nos seus próprios pensamentos e conhecimento, você precisa reconhecer que só a palavra de Deus é a verdade e tomar coragem para destruir tudo aquilo que for contra ela. Você tem de se livrar de toda forma de maldade, ouvindo diligentemente a palavra de Deus e alcançando a santificação com orações incessantes.

O fato de você ser salvo pelo simples fato de ir à igreja, ouvir a palavra de Deus e armazená-la como conhecimento não é verdade. Só quando você possui uma fé verdadeira e espiritual e faz a vontade de Deus, é que você conseguirá entrar no reino dos céus e desfrutar da vida eterna.

Que você possa entender que Deus quer que você tenha fé espiritual, que é acompanhada por ações, e desfrutar da vida eterna e do privilégio dos filhos de Deus com uma fé verdadeira!

Capítulo 2

A Mente Baseada na Carne
é Hostil Para Com Deus

Romanos 8:5-8

"Quem vive segundo a carne tem a mente voltada para o que a carne deseja; mas quem vive de acordo com o Espírito, tem a mente voltada para o que o Espírito deseja. A mentalidade da carne é morte, mas a mentalidade do Espírito é vida e paz; a mentalidade da carne é inimiga de Deus porque não se submete à Lei de Deus, nem pode fazê-lo. Quem é dominado pela carne não pode agradar a Deus."

Hoje existem muitas pessoas que frequentam a igreja e professam sua fé em Jesus Cristo. Isso é bom, é uma boa notícia para nós. Contudo, o nosso Senhor Jesus disse em Mateus 7:21: *"Nem todo aquele que me diz: 'Senhor, Senhor', entrará no Reino dos céus, mas apenas aquele que faz a vontade de meu Pai que está nos céus."* E depois, nos versículos seguintes, Ele completa dizendo: *"Muitos me dirão naquele dia: 'Senhor, Senhor, não profetizamos em teu nome? Em teu nome não expulsamos demônios e não realizamos muitos milagres?' Então eu lhes direi claramente: Nunca os conheci. Afastem-se de mim vocês, que praticam o mal!"* (Mateus 7:22-23)

Depois, Tiago 2:26 diz: *"Assim como o corpo sem espírito está morto, também a fé sem obras está morta."* É por isso que você tem de fazer com que a sua fé seja completa com obras de obediência, para que você possa ser reconhecido como verdadeiro filho de Deus, que recebe Dele qualquer coisa que pedir.

Depois que aceitamos Jesus Cristo como nosso Salvador, temos prazer em servir a lei de Deus com a nossa mente. Entretanto, se não guardarmos os mandamentos de Deus, serviremos a lei do pecado com a nossa carne e não conseguiremos agradá-Lo. Isso é porque com pensamentos carnais somos colocados numa posição de hostilidade para com Deus e não conseguimos nos submeter à Sua lei.

Entretanto, se nos livrarmos dos pensamentos carnais e

seguirmos os pensamentos espirituais, poderemos ser guiados pelo Espírito de Deus, guardar os Seus mandamentos e agradá-Lo, da mesma forma que Jesus cumpriu a lei com amor. Logo, a promessa de Deus dizendo: "Tudo é possível ao que crê", virá sobre nós.

Vamos, pois, agora, examinar a diferença entre os pensamentos carnais e espirituais. Vejamos por que os pensamentos carnais são hostis contra Deus, e como podemos evitá-los e andar pelo Espírito, agradando ao Pai.

O Homem Carnal tem Desejos Carnais, Enquanto o Homem Espiritual Tem Desejos Espirituais

1) A Carne e os Desejos da Carne

Na Bíblia encontramos terminologias como 'a carne', 'coisas da carne', 'desejos da carne' e 'obras da carne'. Essas palavras têm significados semelhantes, e tudo se perderá e desaparecerá, quando deixarmos este mundo.

As **obras da carne** estão registradas em Gálatas 5:19-21: *"Ora, as obras da carne são manifestadas: imoralidade sexual, impureza e libertinagem; idolatria e feitiçaria; ódio, discórdia, ciúmes, ira, egoísmo, dissensões, facções e inveja; embriaguez,* *orgias e coisas semelhantes. Eu os advirto, como antes já os adverti: Aqueles que praticam essas coisas não herdarão o Reino de Deus."*

Em Romanos 13:12-14, o apóstolo Paulo nos adverte quanto aos **desejos da carne**, dizendo: *"A noite está quase acabando; o dia logo vem. Portanto, deixemos de lado as obras das trevas e revistamo-nos da armadura da luz. Comportemo-nos com decência, como quem age à luz do dia, não em orgias e bebedeiras, não em imoralidade sexual e depravação, não em desavença e inveja. Ao contrário, revistam-se do Senhor Jesus Cristo, e não fiquem premeditando como satisfazer os desejos da carne."*

Todos temos uma mente, e nela, pensamentos. Quando mantemos desejos pecaminosos e inverdades em nossas mentes, eles são chamados de "desejos da carne", e quando são postos em prática através de ações, são chamados de "obras da carne." Os desejos e obras da carne são contra a verdade; assim, ninguém que cede a eles pode herdar o reino de Deus.

Portanto, Deus nos adverte em 1 Coríntios 6:9-10: *"Vocês não sabem que os perversos não herdarão o Reino de Deus? Não se deixem enganar: nem imorais, nem idólatras, nem adúlteros, nem homossexuais passivos ou ativos e nem ladrões, nem avarentos, nem alcoólatras, nem caluniadores, nem trapaceiros herdarão o Reino de Deus"*, e também em 3:16-17: *"Vocês não sabem que são santuário de Deus e que o Espírito de Deus habita em vocês? Se alguém destruir o santuário de Deus, Deus o destruirá; pois o santuário de Deus, que são vocês, é sagrado."*

Como dito nas passagens acima, você precisa entender que os injustos que cometem pecado e maldades em ações não podem herdar o reino de Deus, ou seja, aqueles que praticam as obras da carne não podem ser salvos. Fique acordado a fim de que não caia na tentação dos pregadores que dizem que podemos ser salvos só pelo fato de frequentarmos a igreja. Em nome do Senhor, eu imploro para que você não caia nessa tentação, examinando cuidadosamente a palavra de Deus.

2) O Espírito e os Desejos do Espírito

O homem consiste em espírito, alma e corpo; e o nosso corpo está perecendo. O corpo simplesmente abriga o nosso espírito e alma. Estes são entidades imperecíveis que se encarregam do funcionamento da nossa mente e nos dota com vida.

O espírito é classificado em duas categorias: o espírito que pertence a Deus e o espírito que não pertence a Deus. É por isso que 1 João 4:1 diz: *"Amados, não creiam em qualquer espírito, mas examinem os espíritos para ver se eles procedem de Deus, porque muitos falsos profetas têm saído pelo mundo."*

O Espírito de Deus nos ajuda a confessar que Jesus Cristo veio ao mundo em carne, e nos leva a conhecer as coisas que nos são dadas gratuitamente por Deus (1 João 4:2; 1 Coríntios 2:12).

Em João 3:6 Jesus disse: *"O que nasce da carne é carne, mas o que nasce do Espírito é espírito."* Se aceitamos Jesus Cristo e recebemos o Espírito Santo, Ele vem para o nosso coração e nos fortalece, para que entendamos a palavra de Deus, nos ajudando a viver de acordo com a palavra da verdade e nos levando a ser pessoas espirituais. Quando o Espírito Santo vem para o nosso coração, Ele faz o nosso espírito morto reviver e, assim, podemos dizer que nascemos de novo pelo Espírito e somos santificados pela circuncisão do coração.

O nosso Senhor Jesus disse em João 4:24: *"Deus é espírito, e é necessário que os seus adoradores o adorem em espírito e em verdade."* O espírito pertence ao mundo tetradimensional e, assim, Deus, que é espírito, não apenas vê o coração de cada um de nós, mas também sabe tudo sobre nós.

Em João 6:63, que diz: *"O Espírito dá vida; a carne não produz nada que se aproveite. As palavras que eu lhes disse são espírito e vida"*, Jesus nos explica que o Espírito Santo nos dá vida e a palavra de Deus é espírito.

Depois, João 14:16-17 diz: *"E eu pedirei ao Pai, e ele lhes dará outro Conselheiro para estar com vocês para sempre, o Espírito da verdade. O mundo não pode recebê-lo, porque não o vê nem o conhece. Mas vocês o conhecem, pois ele vive com vocês e estará em vocês."* Quando recebemos o Espírito Santo e nos tornamos filhos de Deus, o Espírito nos guia para a verdade.

Depois que aceitamos o Senhor, o Espírito Santo vem habitar dentro de nós e faz o nosso espírito viver. Ele nos guia à verdade e nos ajuda a dar conta de toda injustiça, a nos arrepender e a converter delas. Se caminharmos contra a verdade, o Espírito Santo geme, nos faz sentir desconfortáveis, nos incentiva a enxergar nossos pecados e faz-nos santificar.

O Espírito Santo é chamado de Espírito de Deus (1 Coríntios 12:3) e Espírito do Senhor (Atos 5:9; 8:39). O Espírito de Deus nos dá vida, guia-nos à vida eterna e é a Verdade eterna.

Por outro lado, o espírito que não pertence a Deus, mas é contra Ele, não confessa que Jesus veio a este mundo em carne, e é chamado de 'espírito do mundo' (1 Coríntios 2:12), 'espírito do anticristo' (João 4:3), 'espíritos enganadores' (1 Timóteo 4:1) e 'espíritos imundos' (Apocalipse 16:13). Todos esses espíritos são do diabo. Não são Espírito da verdade. Esses espíritos de inverdades não dão vida, mas levam as pessoas à destruição.

O Espírito Santo se refere ao perfeito Espírito de Deus. Quando aceitamos Jesus Cristo e nos tornamos filhos de Deus, recebemos o Espírito Santo, que concebe o espírito e a justiça em nós, e nos fortalece para produzirmos Seus frutos de justiça e de Luz. À medida que nós refletimos Deus através dessa obra do Espírito Santo, somos guiados por Ele, somos chamados Seus filhos e podemos chamá-Lo de "Aba Pai!", pois recebemos o espírito da adoção como filhos (Romanos 8:12-15).

Portanto, quanto mais nós somos guiados pelo Espírito Santo, mais produzimos os nove frutos do Espírito: amor, alegria, paz, paciência, amabilidade, bondade, fidelidade, mansidão e domínio próprio (Gálatas 5:22-23). Além disso, também produzimos os frutos de justiça e os frutos da Luz, que consistem em toda bondade, justiça e verdade, com as quais podemos alcançar a salvação (Efésios 5:9).

Pensamentos Carnais Levam à Morte, Mas Pensamentos Espirituais Levam à Vida e Paz

Se você seguir a carne, a sua mente se baseará nas coisas da carne. Você viverá de acordo com a carne e pecará. Então, de acordo com a palavra de Deus, que diz que "O salário do pecado é a morte", você não terá outro destino senão a morte. É por isso que o Senhor nos pergunta: *"De que adianta, meus irmãos, alguém dizer que tem fé, se não tem obras? Acaso a fé pode salvá-lo? Assim também a fé, por si só, se não for acompanhada de obras, está morta"* (Tiago 2:14, 17). Se você estiver com a cabeça nas coisas carnais, isso não apenas lhe fará pecar e sofrer com problemas na terra, mas também lhe impedirá de herdar o reino dos céus. Assim, você precisa manter isso em mente e mortificar as obras da carne, a fim de que possa ter a vida eterna (Romanos 8:13).

Se, porém, você seguir o Espírito, a sua cabeça ficará nas coisas espirituais e você fará de tudo para viver de acordo com a verdade. Então, o Espírito Santo o ajudará a lutar contra o inimigo, a se livrar de inverdades e a andar na verdade, para que você se santifique.

Suponha que alguém o esbofeteie sem razão. Você pode sentir raiva, mas pode expulsar de si os pensamentos carnais e seguir os espirituais, lembrando-se da crucificação de Jesus. Como a palavra de Deus nos diz para oferecermos o outro lado do rosto, quando tivermos um lado atingido por alguém, e para nos regozijarmos sempre em qualquer circunstância, você conseguirá perdoar, suportar pacientemente e servir a outra pessoa. Como resultado, não precisará sofrer, pois agindo dessa forma, o seu coração ficará em paz. Enquanto não estiver completamente santificado, você pode querer advertir ou repreender a pessoa que lhe bateu, pois ainda terá um pouco de maldade em você. Contudo, depois que você se livrar de toda forma de maldade, poderá amar aquela pessoa, por mais que esteja diante dos erros dela.

Logo, se você focar a sua mente no espírito, você buscará as coisas espirituais e andará na palavra da verdade. Como consequência, poderá obter a salvação e a vida eterna, e a sua vida será cheia de bênçãos e paz.

Pensamentos Carnais São Hostis Para com Deus

Pensamentos carnais o atrapalham a orar a Deus, enquanto os espirituais lhe dão vontade de fazê-lo. Pensamentos carnais resultam em inimizade e discussões, enquanto os espirituais levam à paz e ao amor. Pensamentos carnais são contra a verdade e, de fato, fazem a vontade do diabo. É por isso que se você continua seguindo pensamentos carnais, a barreira entre você e Deus só cresce e fecha o caminho da vontade Dele para sua vida.

Pensamentos carnais não trazem paz, mas sim preocupações, ansiedades e problemas. Em poucas palavras, pensamentos carnais são totalmente sem propósito e não trazem vantagem alguma. O nosso Pai é Todo Poderoso, onisciente e, como Criador, governa sobre os céus, terra e tudo o que neles há, inclusive nossos corpos e espíritos. O que Ele não poderia dar a nós, Seus amados filhos? Se o seu pai fosse presidente de um grande grupo industrial, você jamais precisaria se preocupar com dinheiro; e se ele fosse um médico perfeito, você teria a garantia de uma boa saúde.

Como Jesus disse em Marcos 9:23: *"'Se podes?' Tudo é possível àquele que crê"*, pensamentos espirituais trazem fé e paz sobre você, enquanto pensamentos carnais o impedem de realizar a vontade e obras de Deus, trazendo preocupações, ansiedades e problemas. É por isso que, sobre eles, Romanos 8:7 diz: *"a mentalidade da carne é inimiga de Deus porque não se submete à Lei de Deus, nem pode fazê-lo."*

Somos filhos de Deus, servimo-Lo e 0 chamamos de "Pai." Se você não tem alegria nenhuma, mas se sente incomodado, deprimido e preocupado, isso prova que você segue pensamentos carnais atiçados por Satanás, ao invés dos espirituais, dados por Deus. Você precisa, portanto, se arrepender imediatamente, mudar de atitude mental e buscar os pensamentos espirituais. Só conseguimos nos submeter a Ele e obedecer-Lhe, quando temos mentes espirituais.

Os que Vivem na Carne Não Podem Agradar a Deus

Aqueles que possuem uma mentalidade carnal são contra Deus e não conseguem se submeter à Sua lei. Eles Lhe desobedecem e não podem agradá-Lo. No fim, acabam sofrendo com tribulações e problemas.

Uma vez que Abraão, o pai da fé, sempre buscou os pensamentos espirituais, ele pôde obedecer até mesmo à ordem de Deus, requerendo que seu único filho Isaque fosse oferecido como oferta queimada. Por outro lado, Saul, que seguia pensamentos carnais, no fim acabou abandonado; Jonas foi atingido por uma forte tempestade e engolido por um grande peixe; os israelitas tiveram de sofrer os 40 anos de vida dura no deserto, depois do Êxodo.

Quando você segue pensamentos espirituais e tem obras de fé, os desejos do seu coração podem ser concedidos, como prometido no Salmo 37:4-6: *"Deleite-se no Senhor, e ele atenderá aos desejos do seu coração. Entregue o seu caminho ao Senhor; confie nele, e ele agirá: ele deixará claro como a alvorada que você é justo e, como o sol do meio-dia, que você é inocente."*

A pessoa que realmente crê em Deus precisa se livrar de tudo que é causado por obra do diabo, como a desobediência a Deus, guardar os Seus mandamentos e fazer as coisas que agradam a Ele. Assim, ela poderá se tornar uma pessoa espiritual, que consegue receber tudo aquilo que pede.

Como Podemos Seguir as Obras do Espírito?

Jesus, que é o Filho de Deus, veio a essa terra, se tornou grão de trigo pelos pecadores e morreu por eles. Ele abriu o caminho da salvação para que, todo aquele que O aceitar, possa se tornar filho de Deus e produzir infinitos frutos. Tudo o que Ele fez foi buscar pensamentos espirituais e obedecer à vontade de Deus. Ele trouxe os mortos de volta à vida, curou todos os tipos de enfermidades e expandiu o reino de Deus.

Como, pois, seguir o exemplo de Jesus e agradar a Deus?

Antes de qualquer coisa, você deve viver com a ajuda do Espírito Santo, através de orações.

Se você não orar, você será atingido pelas obras de Satanás e viverá segundo pensamentos carnais. Entretanto, se você orar sem cessar, poderá ter o Espírito Santo trabalhando em sua vida, ser convencido do que é justo, se opor ao pecado, ficar livre de julgamento, seguir os desejos do Espírito Santo e ser considerado justo diante de Deus. Até mesmo o próprio Filho de Deus, Jesus, fez as obras do Pai por meio de oração. Como orar sem cessar é da vontade de Deus, se você não parar de orar, só seguirá pensamentos espirituais e, naturalmente, agradará a Ele.

Depois, você precisa ter atitudes espirituais sempre, pois a fé sem obras não é nada mais do que a fé como conhecimento. É fé morta. Quando você sabe o que tem de fazer, mas não faz, está pecando. Assim, se você quiser seguir a vontade de Deus e agradar a Ele, você precisa ter atitudes de fé.

Em terceiro lugar, você precisa se arrepender, a fim de que possa receber o poder do alto para possuir uma fé verdadeira, que é acompanhada por ações. Uma vez que pensamentos carnais são hostis a Deus, desagradáveis a Ele e construtores de muros de pecados entre você e Ele, você tem de se arrepender e se livrar deles. O arrependimento é sempre necessário para uma boa vida cristã. Para você se livrar dos pensamentos carnais, você precisa render o seu coração e se arrepender deles.

Quando você comete pecados que sabe que não deveria, o seu coração fica inquieto. Então, se você se arrepende deles com orações regadas a lágrimas, a ansiedade e preocupação o deixam em paz e você se sente leve, reconciliado com Deus. Aí você pode ter os desejos do seu coração satisfeitos. Se você persistir nas orações para se livrar de toda forma de maldade, certamente renderá o seu coração e se arrependerá dos seus pecados. Seus atributos pecaminosos serão queimados pelo fogo do Espírito Santo, e os muros de pecado entre você e o Pai serão destruídos. Assim, você conseguirá viver pelo Espírito e agradar a Deus.

Se você tem sentido um fardo no seu coração, depois que recebeu o Espírito Santo através da fé em Jesus Cristo, é porque você agora está se afastando de Deus, devido aos seus pensamentos carnais. Logo, você precisa destruir os muros de pecados entre você e Deus com orações fervorosas e, então, satisfazer os desejos do Espírito Santo e realizar as Suas obras, seguindo com pensamentos espirituais. Como resultado, paz e alegria virão sobre o seu coração, suas orações serão respondidas e os desejos do seu coração serão concedidos.

Como Jesus disse em Marcos 9:23: *"'Se podes?' Tudo é possível àquele que crê"*, que cada um de vocês possa se livrar de todo pensamento carnal e andar pela fé, segundo as obras do Espírito, para que possa agradar a Deus, operar Suas maravilhas e alargar o Seu reino. Em nome do nosso Senhor Jesus Cristo, eu oro!

Capítulo 3

Destrua Todo Pensamento
e Teoria Humana

2 Coríntios 10:3-6

"Pois, embora vivamos como homens, não lutamos segundo os padrões humanos. As armas com as quais lutamos não são humanas, ao contrário, são poderosas em Deus para destruir fortalezas. Destruímos argumentos e toda pretensão que se levanta contra o conhecimento de Deus e levamos cativo todo pensamento, para torná-lo obediente a Cristo. E estaremos prontos para punir todo ato de desobediência, uma vez estando completa a obediência de vocês."

Mais uma vez a fé pode ser dividida em duas categorias: a fé espiritual e fé carnal. A fé carnal também pode ser chamada de fé como conhecimento. Quando você ouve a palavra de Deus pela primeira vez, você ganha a fé como conhecimento, que é carnal. Contudo, à medida que você entende e pratica a palavra, você passa a possuir uma fé espiritual.

Quando você entende os significados espirituais da palavra da verdade de Deus e estabelece o fundamento da fé ao praticá-la, Deus se alegra e lhe dá fé espiritual. Logo, com essa fé espiritual vinda do alto, você recebe respostas às suas orações e soluções aos seus problemas, além de ter experiências com o Deus vivo.

Com essas experiências, suas dúvidas desaparecem, pensamentos e teorias humanas são destruídos e você passa a ficar firme sobre a rocha da fé, que jamais é abalada, independente da tribulação ou aflição. Quando você se torna uma pessoa cheia de verdade e um cristão de coração, pode-se dizer que o fundamento da sua fé passa a ser permanente. Com ele, você pode receber tudo aquilo que pedir com tal fé.

Assim como o nosso Senhor Jesus disse em Mateus 8:13: *"Como você creu, assim lhe acontecerá"*, se você tiver uma fé espiritual completa, poderá receber tudo o que pedir e glorificar a Deus em tudo o que fizer. Você viverá no amor e na força de Deus, que Lhe trarão um grande prazer.

Examinemos, pois, algumas coisas referentes à fé espiritual. Quais são os obstáculos para a obtenção da fé espiritual? Como ter fé espiritual? Quais as bênçãos que os pais da fé receberam na Bíblia? E por que aqueles, cujas mentalidades eram carnais, foram abandonados?

Obstáculos para a Obtenção da Fé Espiritual

Com a fé espiritual você pode ter comunicação com Deus e ouvir claramente a voz do Espírito Santo. Você pode ter suas orações e petições respondidas e pode glorificar a Deus quer coma, quer beba, ou quer faça qualquer outra coisa. Com ela, você vive no favor, reconhecimento e presença garantida de Deus.

Mas então, por que, muitas vezes, as pessoas não conseguem ter fé espiritual? Veremos agora os fatores que nos impedem de ter fé espiritual.

1) Pensamentos Carnais

Romanos 8:6-7 diz: *"A mentalidade da carne é morte, mas a mentalidade do Espírito é vida e paz; a mentalidade da carne é inimiga de Deus, porque não se submete à Lei de Deus, nem pode fazê-lo."*

A mente pode ser dividida em duas partes – a que é carnal por natureza, e a que é espiritual. A mente carnal, ou mentalidade da carne, se refere a todo tipo de pensamento armazenado na carne, e consiste em toda inverdade. Pensamentos carnais são pecaminosos e não seguem a vontade de Deus. O resultado deles é a morte, como lemos em Romanos 6:23: *"O salário do pecado é a morte."* Em contraste, a mente espiritual se refere a todos os pensamentos de verdade, que são de acordo com a vontade de Deus: justiça e bondade. Pensamentos espirituais resultam em vida e trazem paz.

Suponha, por exemplo, que você se encontre em dificuldade ou em uma tribulação que não consegue superar com forças ou habilidades humanas. Pensamentos carnais lhe trarão preocupações e ansiedades. Entretanto, pensamentos espirituais o libertarão de toda inquietação e o levarão a dar graças e se regozijar através da palavra de Deus que diz: *"Alegrem-se sempre. Orem continuamente. Deem graças em todas as circunstâncias, pois esta é a vontade de Deus para vocês em Cristo Jesus"* (1 Tessalonicenses 5:16-18).

Portanto, pensamentos espirituais são exatamente o oposto de pensamentos carnais, isto é, com pensamentos carnais você não consegue se submeter à lei de Deus. É por isso que eles são hostis para com Ele e nos impedem de ter uma fé espiritual.

2) Obras da Carne

Obras da carne são pecados e maldades expressos em ações, assim como definido em Gálatas 5:19-21: *"Ora, as obras da carne são manifestadas: imoralidade sexual, impureza e libertinagem; idolatria e feitiçaria; ódio, discórdia, ciúmes, ira, egoísmo, dissensões, facções e inveja; embriaguez, orgias e coisas semelhantes. Eu os advirto, como antes já os adverti: Aqueles que praticam essas coisas não herdarão o Reino de Deus."*

Se você não se despojar das obras da carne, não conseguirá nem ter fé espiritual, nem herdar o reino de Deus. É por isso que as obras da carne o impedem de ter fé espiritual.

3) Todos os Tipos de Teoria

O dicionário Priberam da Língua Portuguesa define "Teoria" como sistema ou doutrina que trata "princípios básicos e elementares de uma arte ou ciência." Essa ideia de teoria é uma parte do conhecimento que apoia a criação das coisas, a partir de matéria, mas não ajuda nada na obtenção de fé espiritual.

Pensemos nas teorias do criacionismo e no evolucionismo darwiniano. A maioria das pessoas aprende na escola que a espécie humana evoluiu do macaco. Em total contraste, a Bíblia nos diz que foi Deus quem criou o homem. Se você crer no Deus Todo Poderoso, escolherá acreditar que foi Ele quem criou tudo; ainda que a teoria da evolução lhe tenha sido ensinada na escola.

Somente quando você desconsidera a teoria da evolução que aprendeu quando era mais novo e considera a criação de Deus é que você pode obter fé espiritual. Do contrário, todas as teorias evolucionistas irão impedi-lo de ter essa fé, pois será impossível crer que algo pode ser feito a partir do nada. Observemos algo: mesmo com o desenvolvimento da ciência, as pessoas ainda não conseguem produzir as sementes da vida – o espermatozóide e o óvulo. Se nem isso conseguem fazer ainda, como poderia ser possível crerem que algo pode ser criado do nada, a não ser através da fé espiritual?

Portanto, devemos recusar esses argumentos e teorias, juntamente com todo orgulho e arrogância, que vão contra o conhecimento de Deus, e fazer todo pensamento cativo à obediência a Cristo.

Saul Segue Pensamentos Carnais e Desobedece

Saul foi o primeiro rei do reino de Israel, mas não viveu de acordo com a vontade de Deus. Ele ascendeu ao trono a pedido do povo. Deus ordenou que ele massacrasse todos os amalequitas e não poupasse nada – matem homens, mulheres, crianças, recém-nascidos, bois, ovelhas, camelos e jumentos – e o rei Saul obteve grande vitória sobre eles. Contudo, ele não obedeceu à ordem de Deus e poupou os melhores bois e ovelhas.

Saul seguiu seus pensamentos carnais e poupou Agague e o melhor dos bois, ovelhas, bezerros e cordeiros, bem como tudo o que achava ser bom. Essa atitude foi desobediência e arrogância aos olhos de Deus, que o repreendeu através do profeta Samuel, para que se arrependesse e convertesse. Saul, entretanto, deu desculpas e insistiu em sua própria justiça (1 Samuel 15:2-21).

Existem muitos crentes como Saul hoje em dia. Eles não se dão conta de suas óbvias desobediências e nem as reconhecem quando repreendidos por causa delas. Dão desculpas e insistem em fazer as coisas do seu próprio jeito, de acordo com seus pensamentos carnais. No fim, se tornam verdadeiras pessoas desobedientes, que andam segundo a carne, como o rei Saul. Uma vez que 100% das pessoas têm opiniões diferentes, se elas agirem como bem entendem e em desobediência, não conseguirão se unir. No entanto, se essas mesmas pessoas agirem de acordo com a verdade de Deus, conseguirão obedecer a Ele e ser unidas.

Deus enviou o profeta Samuel para ter com Saul. Saul não obedeceu à Sua palavra e o profeta lhe disse: *"Pois a rebeldia é como o pecado da feitiçaria, e a arrogância como o mal da idolatria. Assim como você rejeitou a palavra do Senhor, ele o rejeitou como rei"* (1 Samuel 15:23).

Semelhantemente, qualquer pessoa que deposita a sua confiança em pensamentos humanos e não segue a vontade de Deus está desobedecendo a Ele e, se não se der conta de sua desobediência e mudar de atitude, não terá outro fim senão ser abandonado por Deus, como Saul.

Em 1 Samuel 15:22, Samuel repreendeu Saul dizendo: *"Acaso tem o Senhor tanto prazer em holocaustos e em sacrifícios quanto em que se obedeça à sua palavra? A obediência é melhor do que o sacrifício, e a submissão é melhor do que a gordura de carneiros."* Por mais que seus pensamentos pareçam corretos, se forem contra a palavra de Deus, você precisa se arrepender e parar de tê-los imediatamente. Você precisa fazer com que os seus pensamentos sejam obedientes à vontade de Deus.

Pais da Fé que Obedeceram à Palavra de Deus

Davi foi o segundo rei de Israel. Desde a infância, ele não seguiu seus próprios pensamentos, mas andou somente pela fé em Deus. Ele não teve medo de ursos ou leões, quando pastoreava ovelhas, e chegou até a lutar com esses animais, pela fé, para proteger seu rebanho. Mais tarde, apenas com fé, ele derrotou Golias, o campeão dos filisteus.

Houve um incidente em que Davi uma vez desobedeceu à palavra de Deus, depois que já estava no trono. Ele, todavia, quando foi repreendido pelo profeta, não veio com nenhuma palavra de desculpa, mas se arrependeu e mudou de atitude imediatamente, sendo mais santificado ainda no fim das contas. Logo, houve uma grande diferença entre Saul, um homem de pensamentos carnais, e Davi, um homem espiritual (1 Samuel 12:13).

Enquanto pastoreou ovelhas no deserto por 40 anos, Moisés destruiu todos os tipos de pensamentos e teorias carnais e veio a ser um homem humilde diante de Deus, chegando ao ponto de ser chamado por Ele para tirar os israelitas da escravidão do Egito.

Com pensamento humano, Abraão chamava sua esposa de "irmã." Depois, entretanto, que ele passou por tribulações e se tornou um homem espiritual, ele pôde obedecer até mesmo à ordem de Deus, em que ele deveria sacrificar o seu único filho, Isaque, a Ele. Se ele tivesse pensado humanamente, um pouco que fosse, ele não teria obedecido à ordem de Deus de jeito nenhum. Isaque era seu único filho, que tinha nascido quando ele já era velho, e era a semente da promessa de Deus. Assim, humanamente pensando, seria impossível e completamente sem cabimento esquartejar Isaque como um animal e oferecê-lo como oferta queimada. Todavia, Abraão nunca se queixou, mas creu que Deus poderia ressuscitá-lo e obedeceu (Hebreus 11:19).

Naamã, comandante do exército do rei da Síria, era muito respeitado e honrado pelo rei. Contraiu lepra e foi procurar o profeta Eliseu para ser curado. Apesar dos muitos presentes que ele havia levado para Eliseu, este não deixou que entrasse em sua casa, mas mandou-lhe o seguinte recado: *"Vá e lave-se sete vezes no rio Jordão; sua pele será restaurada e você ficará purificado"* (2 Reis 5:10). Com pensamentos carnais, Naamã considerou aquilo uma grosseria e ficou furioso.

No entanto, ele destruiu sua mentalidade da carne e, com os conselhos de seus servos, resolveu obedecer à ordem de Eliseu. Ele mergulhou sete vezes no Rio Jordão e sua carne foi restaurada.

A água simboliza a palavra de Deus e, o número '7', a perfeição. Assim, 'mergulhar sete vezes no Rio Jordão' significa "ser totalmente santificado pela palavra de Deus." Quando você é santificado, você pode receber a solução para qualquer problema. Assim, quando Naamã obedeceu à palavra de Deus, profetizada por meio do profeta Eliseu, a maravilhosa obra de Deus pôde acontecer (2 Reis 5:1-14).

Uma Vez Livre de Teorias e Pensamentos Humanos, Você Consegue Obedecer

Jacó era astuto e sagaz e, com todo tipo de pensamento, tentava satisfazer sua vontade através de planos e manipulações. Como resultado, ele sofreu diversas dificuldades por 20 anos e, no fim, se viu encurralado no Rio Jaboque. Ele não podia voltar para a casa do seu tio por causa da aliança feita com ele, nem seguir adiante porque seu irmão mais velho, Esaú, estava do outro lado, esperando para matá-lo. Numa situação tão desesperadora como essa, seus pensamentos carnais e justiça própria foram completamente destruídos. Deus moveu o coração de Esaú e ele se reconciliou com seu irmão. Dessa forma, Ele abriu o caminho da vida para que Jacó pudesse cumprir Sua providência (Gênesis 33:1-4).

Deus diz em Romanos 8:5-7: *"Quem vive segundo a carne tem a mente voltada para o que a carne deseja; mas quem vive de acordo com o Espírito, tem a mente voltada para o que o Espírito deseja. A mentalidade da carne é morte, mas a mentalidade do Espírito é vida e paz; a mentalidade da carne é inimiga de Deus porque não se submete à Lei de Deus, nem pode fazê-lo."* É por isso que temos de destruir toda opinião, teoria e pensamento que vão contra o conhecimento de Deus. Devemos fazer todo pensamento cativo ser obediente a Cristo, para que possamos receber uma fé espiritual e ter atitudes de obediência.

Jesus nos deu um novo mandamento em Mateus 5:39-42 dizendo: *"Mas eu lhes digo: Não resistam ao perverso. Se alguém o ferir na face direita, ofereça-lhe também a outra. E se alguém quiser processá-lo e tirar-lhe a túnica, deixe que leve também a capa. Se alguém o forçar a caminhar com ele uma milha vá com ele duas. Dê a quem lhe pede, e não volte as costas àquele que deseja pedir-lhe algo emprestado."* Com pensamentos humanos você não consegue obedecer a esse mandamento, pois eles são contrários à palavra da verdade. Contudo, se você destruir a mentalidade terrena, poderá obedecer-Lhe com alegria e Deus fará com que tudo coopere para o seu bem, através da sua obediência.

Independente de quantas vezes você já professou sua fé com os lábios, se você não se despojar de todo pensamento e teoria terrena, não conseguirá nem obedecer a Deus nem experimentar Suas obras ou ser guiado à prosperidade e sucesso.

Quero muito pedir-lhe para manter em mente a palavra de Deus escrita em Isaías 55:8-9, dizendo: *"Pois os meus pensamentos não são os pensamentos de vocês, nem os seus caminhos são os meus caminhos", declara o Senhor. "Assim como os céus são mais altos do que a terra, também os meus caminhos são mais altos do que os seus caminhos, e os meus pensamentos, mais altos do que os seus pensamentos."*

Você precisa evitar todo e qualquer tipo de pensamento e

teoria humana e buscar ter fé espiritual, como o centurião que foi elogiado por Jesus pela sua confiança em Deus. Quando o centurião veio a Jesus e Lhe pediu que curasse seu servo que estava paralítico, ele confessou pela fé que aquele homem poderia ser curado por uma simples palavra liberada por Jesus. Ele recebeu a resposta à altura de sua crença. Da mesma maneira, se você tiver fé espiritual, poderá ser respondido em todas as suas orações e petições e glorificar completamente a Deus.

A palavra da verdade de Deus converte o espírito do ser humano e o capacita a ter fé espiritual acompanhada de obras. Você pode receber as respostas de Deus com essa fé viva e espiritual. Que cada um de vocês possa destruir todo pensamento e teoria carnal e possuir uma fé espiritual, a fim de receber qualquer coisa que pedir com fé, e glorificar a Deus.

Capítulo 4

Plante as Sementes da Fé

Gálatas 6:6-10

"O que está sendo instruído na palavra, partilhe todas as coisas boas com aquele que o instrui. Não se deixem enganar: de Deus não se zomba. Pois o que o homem semear, isso também colherá. Quem semeia para a sua carne, da carne colherá destruição; mas quem semeia para o Espírito, do Espírito colherá a vida eterna. E não nos cansemos de fazer o bem, pois no tempo próprio colheremos, se não desanimarmos. Portanto, enquanto temos oportunidade, façamos o bem a todos, especialmente aos da família da fé."

Em Marcos 9:23 Jesus nos promete: *"'Se podes?' Tudo é possível àquele que crê."* Assim, quando o centurião foi até Ele e demonstrou tão grande fé, Jesus lhe disse: *"Como você creu, assim lhe acontecerá"* (Mateus 8:13), e o servo dele foi curado instantaneamente.

Essa é a fé espiritual, que nos faz crer naquilo que não conseguimos ver com os olhos naturais e é acompanhada de obras que possibilitam que a revelemos em atitude. Essa é a fé para se crer que algo pode ser feito do nada. É por isso que a fé é definida da seguinte maneira em Hebreus 11:1-3: *"Ora, a fé é a certeza daquilo que esperamos e a prova das coisas que não vemos. Pois foi por meio dela que os antigos receberam bom testemunho. Pela fé entendemos que o universo foi formado pela palavra de Deus, de modo que aquilo que se vê não foi feito do que é visível."*

Se você tiver fé espiritual, Deus se alegrará e lhe permitirá receber tudo aquilo que pedir. Mas, então, o que precisamos fazer para ter esse tipo de fé?

Da mesma forma que o agricultor planta na primavera e colhe no outono, temos de plantar as sementes da fé espiritual, a fim de colher seus frutos.

Vejamos agora como semear as sementes da fé através das parábolas bíblicas que envolvem semear e colher. Jesus falava às multidões em parábolas (Mateus 13:34). Ele não as usava sem utilizá-las. Isso é porque Deus é espírito e nós, que vivemos nesse mundo material como seres humanos, não podemos entender a realidade espiritual de Deus. Somente quando aprendemos sobre o mundo espiritual, por meio das parábolas que utilizam esse mundo físico, é que conseguimos entender a verdadeira vontade de Deus. É por isso que vou explicar-lhe como semear as sementes da fé e ter fé espiritual com algumas parábolas sobre o assunto.

Para Plantar as Sementes da Fé

1) Em primeiro lugar, você precisa limpar e arar a terra.

Antes de qualquer outra coisa, o agricultor primeiro precisa de terra para plantar suas sementes. A fim de fazer com que esta seja boa e adequada, ele aplica os devidos fertilizantes, ara o solo, retira as pedras e afofa o campo. Só então as sementes são plantadas, crescendo e produzindo muitos frutos.

Na Bíblia, Jesus nos apresentou os quatro tipos de solo, que são uma referência ao coração do homem. A primeira categoria é o solo de beira de caminho, onde as sementes plantadas não conseguem brotar por ele ser muito sólido. O segundo tipo de solo é o solo rochoso, onde as sementes brotam, mas pelo fato de a terra não ser muito profunda, sem raiz, logo morrem queimadas pelo sol. O terceiro é o solo com espinhos, onde as sementes brotam, mas não conseguem crescer nem produzir bons frutos, já que os espinhos sufocam as plantas. Por último, há o bom solo, a terra boa, onde as sementes brotam, crescem bem, florescem e produzem muitos bons frutos.

Semelhantemente, o coração do homem é categorizado em quatro tipos: o primeiro é o coração como o solo à beira do caminho, em que ele não entende a palavra de Deus; o segundo é o coração de solo rochoso, em que ele recebe a palavra de Deus, mas, quando surge alguma tribulação ou perseguição, a abandona; o terceiro é o coração como o solo com espinhos, em que as preocupações terrenas e o engano das riquezas sufocam a palavra de Deus e impedem a pessoa que a ouviu de produzir bons frutos; e o quarto é coração com terra boa, em que a pessoa entende a palavra de Deus e a frutifica. Entretanto, independente do tipo de solo que você tem em seu coração, se você cultivar e limpar o seu solo, assim como o agricultor trabalha duro em seu pedaço de terra, o seu coração poderá se transformar em um bom solo. Se for sólido, você deve fazê-lo ficar macio; se ele for rochoso, você deve retirar as pedras; se for espinhoso, remova os espinhos. Depois acabe de preparar a transformação de seu solo aplicando 'fertilizantes'.

Se o agricultor for preguiçoso, ele não limpará o solo e nem o fará ser boa terra; mas se for diligente, ele fará o melhor para transformar o que tem em excelente solo para o plantio, onde frutos da melhor qualidade serão produzidos.

Se você de fato tem fé, fará de tudo para transformar o solo do seu coração em terra boa, com muito suor e trabalho. Assim, a fim de que você possa entender a palavra de Deus, transformar o seu coração e produzir muitos frutos, você precisa lutar, a ponto de derramar sangue e se despojar de todo pecado. Dessa forma, livrando-se diligentemente dos pecados e maldade que há dentro de você, seguindo a palavra de Deus, que fala para nos despojarmos de toda forma de maldade, você estará tirando toda pedra e erva daninha do seu campo e transformando-o em boa terra.

O agricultor trabalha com diligência porque ele acredita que, se ele preparar o solo, arando-o e adubando-o, ele terá uma colheita abundante. Da mesma forma, espero que você creia que, se você cultivar e transformar o solo do seu coração em boa terra, você habitará no amor de Deus, será guiado ao sucesso e à prosperidade, terá um lugar melhor no céu e lutará a ponto de derramar sangue contra os seus pecados. Então, a semente da fé espiritual será plantada no seu coração e você produzirá o maior número de frutos que conseguir.

2) Depois, você precisa das sementes.

Depois de preparar a terra, você precisa plantar as sementes e ajudá-las a brotar. O agricultor geralmente planta vários tipos de sementes e colhe variados frutos como rabanete, alface, abóbora, feijão, etc.

Da mesma maneira, temos de plantar vários tipos de sementes no solo dos nossos corações. A palavra de Deus fala para nos alegrarmos sempre, orar sem cessar, dar graças em tudo, dar os dízimos, guardar o Dia do Senhor e amar. Quando essas palavras são plantadas em nosso coração, elas brotam, crescem e produzem frutos espirituais. Você então consegue viver segundo a palavra do Pai e ter fé espiritual.

3) Água e luz do sol são necessários.

Para que o agricultor tenha uma boa colheita, não basta que ele prepare o solo e plante as sementes. Água e luz do sol também são necessárias. Só então as sementes brotam e crescem bem.

O que a água representa?
Em João 4:14 Jesus diz: *"mas quem beber da água que eu lhe der nunca mais terá sede. Ao contrário, a água que eu lhe der se tornará nele uma fonte de água a jorrar para a vida*

eterna." Espiritualmente, a água se refere à "água a jorrar para a vida eterna", e a água que se bebe e nunca mais se tem sede se refere à palavra de Deus, como registrado em João 6:63: *"O Espírito dá vida; a carne não produz nada que se aproveite. As palavras que eu lhes disse são espírito e vida."* É por isso que Jesus disse em João 6:53-55: *"Eu lhes digo a verdade: Se vocês não comerem a carne do Filho do homem e não beberem o seu sangue, não terão vida em si mesmos. Todo aquele que come a minha carne e bebe o meu sangue tem a vida eterna, e eu o ressuscitarei no último dia. Pois a minha carne é verdadeira comida e o meu sangue é verdadeira bebida."* Assim, só quando você lê, ouve e medita diligentemente na palavra de Deus e ora intensamente com base nela é que você consegue seguir pelo caminho da vida eterna e ter fé espiritual.

Mas, então, o que seria a luz do sol?

A luz do sol ajuda as sementes brotarem e crescerem bem. Da mesma forma, se a palavra de Deus entra no seu coração, ela, que é a luz, dissipa toda treva que há dentro dele. Ela o purifica e faz a sua terra ser boa, fazendo você ter fé espiritual à medida que ela enche o seu coração.

Com a parábola que acabamos de estudar, aprendemos que temos de limpar o solo do nosso coração, preparar boas sementes e, à medida que as sementes da fé são plantadas, fornecer-lhes água e luz solar. Vejamos agora como plantar e cuidar das sementes da fé.

Como Plantar e Cuidar de Sementes da Fé

1) Em primeiro lugar, você tem de plantar as sementes da fé segundo a instrução de Deus.

O agricultor planta as sementes diligentemente, e o modo que ele o faz depende de cada tipo de semente. Algumas são plantadas profundamente no solo, enquanto outras são plantadas na sombra. Da mesma forma, as sementes da fé são plantadas de diferentes maneiras com a palavra de Deus. Quando você planta orações, por exemplo, você precisa clamar com um coração sincero e ajoelhar regularmente, como explicado na palavra. Só então você conseguirá receber as respostas de Deus (Lucas 22:39-46).

2) Em segundo lugar, você precisa plantar com fé.

Assim como o agricultor é diligente e fervoroso no processo de semeadura e plantio, por crer e esperar que colherá mais tarde, você também deve plantar as sementes da fé – a palavra de Deus – com alegria e esperança de que Deus o fará colher com abundância. Assim, em 2 Coríntios 9:6-7, Ele nos encoraja dizendo: *"Lembrem-se: aquele que semeia pouco, também colherá pouco, e aquele que semeia com fartura, também colherá fartamente. Cada um dê conforme determinou em seu coração, não com pesar ou por obrigação, pois Deus ama quem dá com alegria."*

É lei, tanto neste como no mundo espiritual, que colhamos o que plantamos. Dessa forma, à medida que sua fé cresce, melhor fica a terra do seu coração; e quanto mais você planta, mais você colhe. Portanto, independente do tipo de semente que você plantar, você deve fazê-lo com fé, ações de graças e alegria, para que a sua colheita seja abundante.

3) Em terceiro lugar, você precisa cuidar bastante das sementes que estão brotando.

Depois que o agricultor prepara a terra e planta as sementes, ele tem de aguá-las, assegurar-se de que não serão consumidas por insetos, aplicando inseticidas, continuar fertilizando o solo e arrancar as ervas daninhas. Caso contrário, as plantas secam e não crescem. Quando a palavra de Deus é plantada, ela também precisa ser cultivada, a fim de impedir que o inimigo se aproxime. Para cultivá-la, a pessoa precisa orar com fervor, apegar-se a ela com alegria e ações de graças, ir a cultos, compartilhar amizades cristãs, ler e ouvir a palavra de Deus e servir. Assim a semente pode brotar, florescer e dar frutos.

O Processo de Florescimento e Produção de Frutos

A menos que o agricultor não cuide das sementes depois de plantá-las, minhocas se alimentarão delas e ervas daninhas vão tomar conta do solo, impedindo-as de vingar, crescer e produzir frutos. O agricultor não deve se cansar do seu trabalho, mas sim, pacientemente, cuidar de sua plantação até a colheita de frutos abundantes. Quando o tempo certo chega, as sementes crescem, florescem e, finalmente, dão frutos; que são colhidos pelo lavrador que fica feliz ao ver que todo o seu trabalho e paciência resultaram em frutos valorosos com colheitas de cem, sessenta e trinta por um!

1) Primeiro, as flores espirituais desabrocham

O que significa dizer que 'as sementes espirituais crescem e produzem flores espirituais'? Quando flores desabrocham, elas exalam uma fragrância que atrai abelhas e borboletas. Da mesma forma, quando plantamos as sementes da palavra de Deus no solo do nosso coração e cuidamos delas, à medida que vivemos segundo a palavra de Deus, podemos produzir flores espirituais e espalhar a fragrância de Cristo. Além disso, conseguimos desempenhar o papel de sal e luz do mundo, a fim de que muitos vejam nossas boas obras e glorifiquem ao Pai celestial (Mateus 5:16).

Quando você exala a fragrância de Cristo, o diabo é expulso e você consegue glorificar a Deus em seu lar, negócios ou local de trabalho. Quer você coma, beba ou faça qualquer outra coisa, poderá glorificar a Deus. Como resultado, você produz frutos de evangelismo, realiza o reino e a justiça de Deus e se transforma em uma pessoa espiritual ao preparar o terreno do seu coração, tornando bom o seu solo.

2) Em seguida, os frutos são produzidos e colhidos.

Após o florescimento, os frutos começam a nascer e, depois de estar devidamente maduros, o agricultor os colhe. Se aplicarmos isso à nossa fé, que tipo de frutos podemos produzir? Podemos produzir vários tipos de frutos do Espírito, incluindo os nove registrados em Gálatas 5:22-23, os frutos das Bem-Aventuranças de Mateus 5 e os frutos do amor espiritual de 1 Coríntios 13.

Com a leitura da Bíblia e o ouvir da palavra de Deus, podemos nos examinar, a fim de vermos se temos produzido flores e frutos, e quão maduros são eles. Quando os frutos estão completamente maduros, podemos colhê-los a qualquer momento e desfrutar deles quando bem quisermos. O Salmo 37:4 diz: *"Deleite-se no SENHOR, e ele atenderá aos desejos do seu coração."* É a mesma coisa que depositar bilhões de dólares num banco e poder gastá-los da forma que bem quiser.

3) Por último, você colherá o que tiver plantado.

No tempo certo, o lavrador colhe o que plantou e, então, ele repete esse processo todo ano. O tamanho de sua colheita difere de acordo com o tanto que ele plantou e foi fervoroso e fiel no cuidado das sementes.

Se você semeia em oração, o seu espírito prospera; e se você semeia em lealdade e serviço, você desfruta de boa saúde em corpo e espírito. Se você planta financeiramente, você desfruta de bênçãos financeiras e ajuda os pobres com caridade, o tanto que consegue. Deus nos promete em Gálatas 6:7: *"Não se deixem enganar: de Deus não se zomba. Pois o que o homem semear, isso também colherá."*

Muitas partes da Bíblia confirmam essa promessa de Deus, dizendo que o homem que semeia, colhe o que semeou. No décimo sétimo capítulo de 1 Reis, vemos a história de uma viúva vivendo em Sarepta. Como não chovia há algum tempo, o riacho secou e ela e seu filho estavam quase morrendo de fome. Contudo, ela semeou um punhado de farinha num jarro e um pouco de azeite numa botija e deu a Elias, um homem de Deus. Num tempo em que a comida valia mais do que ouro, ela não teria tal atitude se não fosse por fé. Ela creu e depositou a sua confiança na palavra de Deus que tinha sido profetizada através de Elias, e semeou com fé. Como retribuição à sua fé, Deus lhe deu grande bênção e ela, seu filho e Elias puderam contar com alimento até que o longo período de fome chegasse ao fim (1 Reis 17:8-16).

Marcos 12:41-44 nos apresenta uma pobre viúva que coloca

duas moedas de cobre, que equivalem a um centavo, dentro da caixa de ofertas. E que grande bênção ela recebeu, ao ser louvada por Jesus pela sua atitude!

Deus estabeleceu as leis do mundo espiritual e nos fala que nós colheremos aquilo que tivermos plantado. Quero, inclusive, lembrá-lo de que querer colher o que você não plantou é zombar de Deus. E você também tem de crer que Deus o fará colher a cem, sessenta e trinta vezes mais do que semeou.

Através da parábola do lavrador, pudemos ver como plantar as sementes da fé e cuidar delas, a fim de termos fé espiritual. Agora desejo que você transforme a terra do seu coração em bom solo, plante as sementes da fé e as cultive. Você tem de semear o máximo possível e cuidar do que plantou com esperança e paciência, para que, no fim, receba a bênção cem, sessenta e trinta vezes mais. No tempo certo, você colherá os frutos e glorificará a Deus.

Capítulo 5

""Se Podes?' Tudo é Possível Àquele que Crê!"

Marcos 9:21-27

Jesus perguntou ao pai do menino: "Há quanto tempo ele está assim?" "Desde a infância", respondeu ele. "Muitas vezes esse espírito o tem lançado no fogo e na água para matá-lo. Mas, se podes fazer alguma coisa, tem compaixão de nós e ajuda-nos. Se podes?", disse Jesus. "Tudo é possível àquele que crê." Imediatamente o pai do menino exclamou: "Creio, ajuda-me a vencer a minha incredulidade!"Quando Jesus viu que uma multidão estava se ajuntando, repreendeu o espírito imundo, dizendo: "Espírito mudo e surdo, eu ordeno que o deixe e nunca mais entre nele." O espírito gritou, agitou-o violentamente e saiu. O menino ficou como morto, ao ponto de muitos dizerem: "Ele morreu." Mas Jesus tomou-o pela mão e o levantou, e ele ficou em pé.

O homem guarda suas experiências de vida através das impressões que tem delas, incluindo as de alegria, dor e sofrimento. Muitas pessoas às vezes encontram sérios problemas, que não conseguem resolver com lágrimas, resistência ou ajuda de outros. Existem problemas de doenças que não podem ser curadas com a medicina moderna; problemas mentais advindos do stress, que não podem ser decifrados com nenhum tipo de filosofia ou psicologia; problemas com o lar e filhos; problemas nos negócios e finanças que não podem ser resolvidos com o esforço humano; e a lista não para por aí. Quem pode resolver todos esses problemas?

Em Marcos 9:21-27, vemos a conversa de Jesus e o pai de uma pessoa que estava possessa por dois espíritos malignos. Seu filho sofria de crises epilépticas e era surdo-mudo. Frequentemente ele se lançava no fogo e na água e sempre que os demônios o controlavam, o lançavam no chão com a boca espumando.

Olhemos agora para como o pai recebeu de Jesus a solução daquele problema.

Jesus Repreendeu o Pai por Sua Descrença

Aquele menino vinha sendo surdo e mudo desde o

nascimento, o que, obviamente, o impedia de ouvir a todos e causava séria dificuldade para se fazer entendido. Ele era frequentemente atormentado por epilepsia, que o fazia ter convulsões. É por isso que seu pai vivia em meio a dores e ansiedade, sem esperança em relação à vida.

Na hora em que o pai ouviu sobre Jesus, que fazia os mortos ressuscitarem, curava todo tipo de enfermidade, abria os olhos dos cegos e fazia vários tipos de milagres, esperança foi plantada em seu coração. Ele pensou: "Se ele tem mesmo esse poder do qual ouvi falar, ele deve conseguir curar o meu filho completamente." Ele suspeitou que a cura do seu filho tivesse uma chance de acontecer. Só com essa expectativa, ele levou o menino até Jesus e Lhe pediu dizendo: "Se podes fazer alguma coisa, tem compaixão de nós e ajuda-nos."

Ao ouvi-lo, Jesus o repreendeu por sua incredulidade dizendo-lhe: "'Se podes?' Tudo é possível àquele que crê." Aquele homem havia ouvido falar de Jesus, mas não cria Nele de todo coração.

Se ele tivesse crido que Jesus é o Filho de Deus e Soberano, a Verdade em Si, para a qual nada é impossível, ele jamais teria falado "Se podes fazer algumas coisa, tem compaixão de nós e ajuda-nos."

Sem fé é impossível agradar a Deus e, sem fé espiritual, não é possível obter respostas. A fim de fazer com que o homem entendesse esse fato, Ele disse ao pai: "Se podes" e o admoestou por não crer completamente.

Como Ter uma Fé Completa

Quando você crê naquilo que os olhos naturais não conseguem ver, a sua fé pode ser aceita por Deus; fé esta chamada de 'fé espiritual', 'fé viva', ou 'fé acompanhada por obras'. Com essa fé você consegue crer que algo é feito a partir do nada, pois a fé é a certeza daquilo que esperamos e a prova das coisas que não vemos (Hebreus 11:1-3).

Você tem de crer de coração no caminho da cruz, ressurreição, volta do Senhor, criação de Deus e milagres. Só então a sua fé será considerada como completa e verdadeira, quando confessá-la com os lábios.

Existem três condições para se possuir uma fé completa.

Em primeiro lugar, a barreira de pecados entre você e Deus deve ser destruída. Se você vir que há uma barreira assim na sua vida, precisa destruí-la através do arrependimento, lutar contra seus pecados a ponto de derramar sangue, e evitar todo tipo de maldade, para não pecar de nenhuma forma. Se você abominar o pecado, a ponto de sentir-se mal só de pensar neles e ficar nervoso ou ansioso ao vê-los de alguma forma, como ousará pecar? Em vez de viver uma vida de pecado, você tem de se comunicar com Deus e ter uma fé completa.

Segundo, você tem de seguir a vontade de Deus. A fim de fazer a vontade do Pai, acima de tudo você precisa entender claramente qual é ela. Assim, independente do que você possa querer, se não for da vontade de Deus, você não deveria fazê-lo. Por outro lado, por mais que você não queira fazer algo, se for da vontade de Deus, você tem de fazê-lo. Quando você cumpre a Sua vontade com todo o coração, sinceridade, força e sabedoria, Ele lhe dá uma fé completa.

Terceiro, você tem de agradar a Deus com amor por Ele. Se você fizer todas as coisas para a Sua glória, bebendo, comendo ou fazendo qualquer outra coisa e, se agradar a Ele, mesmo com sacrifício da sua parte, você nunca deixará de ter uma fé completa. Com essa fé completa, você não apenas crê no que é visível e possível de fazer com suas próprias forças, mas também no que não é visível naturalmente e impossível de se fazer com as habilidades humanas. Portanto, quando você confessa essa fé completa, tudo que é impossível torna-se possível.

Dessa forma, a palavra de Deus dizendo: "'Se podes?' Tudo é possível àquele que crê" vem sobre a sua vida e você pode glorificá-Lo em tudo o que fizer.

Nada é Impossível Àquele que Crê

Quando uma fé completa lhe é dada, nada lhe é impossível e você pode receber soluções para qualquer tipo de problema. Em que áreas você pode experimentar o poder de Deus, que faz possível o impossível? Examinemos as três.

A primeira área é a dos problemas de saúde.

Suponha que você esteja doente por causa de uma infecção bacterial ou viral. Se você tiver fé e estiver cheio do Espírito Santo, o Seu fogo queimará toda doença e você será curado. Mais detalhadamente, se você se arrepender dos seus pecados e se converter, poderá ser curado através de orações. Se for um recém--convertido ou alguém novo na fé, precisará abrir o coração e ouvir a palavra de Deus, até conseguir ter fé.

Depois, se você estiver acometido por uma grave doença que não pode ser curada com tratamentos médicos, você precisa provar sua grande fé. Só quando se arrepende profundamente dos seus pecados, rendendo o seu coração e agarrando-se a Deus com lágrimas, é que poderá ser curado. Aqueles, entretanto, que têm uma fé fraca ou acabaram de começar a frequentar a igreja, não podem ser curados enquanto não receberem fé espiritual. À medida que a receberem, serão curados aos poucos.

E, por fim, deformidades físicas, anomalias, claudicação, surdez, condições físicas ou mentais, deficientes e problemas hereditários não podem ser restaurados, a não ser pelo poder de Deus. Aqueles que sofrem de tais coisas precisam demonstrar sinceridade diante de Deus e dar provas de sua fé, amando-O e agradando-Lhe, para que possam ser reconhecidos por Ele e a obra de cura possa então acontecer pelo Seu poder.

Obras de curas só podem acontecer com essas pessoas quando elas têm obras de fé, assim como o cego de nome Bartimeu que clamou a Jesus (Marcos 10:46-52), o centurião que revelou sua grande fé (Mateus 8:6-13) e o paralítico e seus quatro amigos que provaram a Jesus sua fé (Marcos 2:3-12).

A segunda área é a dos problemas financeiros.

Se você tentar resolver problemas financeiros com o seu próprio conhecimento, maneira e experiência, sem a ajuda de Deus, eles serão resolvidos somente até onde a sua habilidade e esforço alcançarem. Por outro lado, se você se desfizer de seus pecados, seguir a vontade de Deus e entregar esses problemas a Ele, crendo que Ele o guiará no Seu caminho, então sua alma prosperará, tudo irá bem com você e sua saúde. Além do mais, por você andar segundo o Espírito Santo, você recebe as bênçãos de Deus.

Até a luta com um anjo de Deus, Jacó vinha conduzindo sua vida do seu jeito e com a sua própria sabedoria. O anjo tocou na articulação da coxa de Jacó e ela descolou. Naquela luta, ele se submeteu completamente a Deus, entregando tudo em Suas mãos. A partir dali, ele recebeu a bênção da presença de Deus. Da mesma forma, se você amar a Deus, agradar-Lhe, entregar tudo a Ele e colocar tudo em Suas mãos, tudo lhe irá bem.

A terceira diz respeito a como receber força espiritual.

Em 1 Coríntios 4:20 vemos que o reino de Deus não consiste em palavra, mas em poder. Quanto mais completa for a nossa fé, maior será o poder. O poder de Deus vem sobre nós de acordo com o tanto da nossa oração, fé e amor. As obras de milagres, que estão num nível acima do dom de cura, só podem ser operadas por aqueles que recebem o poder de Deus através de jejum e orações.

Portanto, se a sua fé for completa, o impossível será possível para você e então poderá corajosamente confessar, "Se podes? Tudo é possível àquele que crê."

"Creio, ajuda-me a vencer a minha incredulidade!"

Para que você receba as soluções para qualquer tipo de problema, você precisa passar por um certo processo.

O primeiro passo do processo são confissões positivas com os lábios.

Havia um pai que há muito estava angustiado, porque seu filho era possuído por demônios. Quando o pai ouviu falar de Jesus, seu coração desejou muito conhecê-Lo. Algum tempo depois, ele levou seu filho até Jesus, crendo que tinha chances de ele ser possivelmente curado. Embora não tivesse certeza da cura, ele pediu a Jesus para curar seu filho.

Jesus o repreendeu dizendo: "Se podes?" Mas depois encorajou-o dizendo: *"Tudo é possível àquele que crê"* (Marcos 9:23). Nisso, o pai clamou: *"Creio, ajuda-me a vencer a minha incredulidade"* (Marcos 9:23), fazendo, portanto, uma confissão positiva diante do Senhor.

Ao ouvir com seus ouvidos físicos que todas as coisas são possíveis com Jesus, ele entendeu aquilo em seu cérebro e confessou sua fé só com os lábios; não de coração – a fé que o fará crer de fato. Apesar de sua fé ser como conhecimento, sua confissão positiva se tornou um impulso de fé espiritual que o levou a ter a resposta que procurava.

Depois, é preciso que você tenha fé espiritual, que faz você crer de coração.

Aquele pai, querendo muito ter fé espiritual, disse a Jesus: *"Creio, ajuda-me a vencer a minha incredulidade"* (Marcos

9:23). Quando Jesus ouviu aquilo, conhecendo sua fé e sabendo que estava sendo sincero, verdadeiro, e que aquele era um pedido profundo, ele lhe deu fé espiritual, que o fez crer de coração. Dessa forma, como o pai veio a ter fé espiritual, Deus pôde trabalhar por ele e ele pôde receber Sua resposta.

Quando Jesus ordenou em Marcos, 9:25: *"Espírito mudo e surdo, eu ordeno que o deixe e nunca mais entre nele"*, aquele espírito maligno saiu.

Em suma, o pai do garoto não pôde receber a resposta de Deus com uma fé carnal, armazenada como mero conhecimento; mas assim que teve fé espiritual, foi respondido imediatamente.

O terceiro ponto do processo é clamar em oração até ser respondido.

Em Jeremias 33:3 Deus nos promete: *"Clame a mim e eu responderei e lhe direi coisas grandiosas e insondáveis que você não conhece."* Em Ezequiel 36:37, Ele nos ensina: *"Uma vez mais cederei à súplica da nação de Israel e farei isto por ela."* Como escrito nos versículos acima, Jesus, os profetas do Velho Testamento e os discípulos do Novo clamaram e oraram a Deus para receber Suas respostas.

Da mesma forma, só através do clamor da oração é que você pode receber a fé espiritual que o faz crer de coração. Só com ela é que você pode ter suas orações respondidas. Você precisa clamar em oração até receber sua resposta; e então o impossível se tornará possível para você. O pai daquele menino só pôde receber sua resposta porque clamou a Jesus.

Essa história nos dá uma importante lição sobre a lei de Deus. A fim de que experimentemos a palavra de Deus dizendo, "'Se podes?' Tudo é possível àquele que crê", precisamos transformar a nossa fé carnal em fé espiritual, que nos faz ter uma fé completa, ficar firmes sobre a rocha e obedecer sem duvidar.

Para resumir o processo, primeiro você tem de fazer uma confissão positiva, fruto de sua fé carnal, que é armazenada como conhecimento. Então, você tem de clamar a Deus em orações até ser respondido. Por fim, você tem de receber a fé espiritual do alto, que possibilita que você creia do fundo do coração.

A fim de satisfazer esses três requisitos e ser completamente respondidos, precisamos, antes de qualquer coisa, destruir o muro de pecados entre nós e Deus. Para Deus, devemos ter atitudes de fé e sinceridade, que farão com que nossa alma prospere. Quanto mais você preenche esses requisitos, mais você recebe fé espiritual e faz o impossível ser possível.

Se você tentar fazer as coisas por conta própria, em vez de entregar tudo ao Deus soberano, terá problemas e dificuldades. Se, entretanto, destruir os pensamentos humanos que o fazem considerar impossível o que para Deus é possível e colocar tudo nas mãos Dele, Ele fará tudo para você. Assim, o que poderá ser impossível?

A mentalidade da carne é inimiga de Deus (Romanos 8:7). Ela nos impede de crer e faz com que desagrademos a Deus com confissões negativas. Ela ajuda Satanás a trazer acusações contra você em testes, tribulações, problemas e dificuldade. Portanto, você precisa destruir todo pensamento carnal. Independente do tipo de problema que enfrentar, seja ele em relação à prosperidade de sua alma, negócios, trabalho, saúde ou família, você precisa entregá-lo nas mãos de Deus. Você tem de depositar a confiança no Deus soberano, crer que Ele fará possível o impossível, e destruir todo tipo de mentalidade carnal pela fé.

Quando você faz confissões positivas dizendo "creio", e ora a Deus de coração, Ele lhe dá a fé que o ajuda a crer de coração e, com essa fé, Ele faz com que você seja respondido para a glória Dele. Como é abençoada uma vida assim!

Que você possa andar somente na fé, a fim de que possa desempenhar o reino e a justiça de Deus, cumprir a Grande Missão de pregar o evangelho ao mundo, e fazer a vontade Dele em sua vida, fazendo, como um soldado da cruz, o impossível ser possível, tendo a luz de Cristo brilhando sobre a sua vida. Em nome de Jesus Cristo, eu oro!

Capítulo 6

— ✍ ❧ —

Daniel Confiava Apenas em Deus

Daniel 6:21-23

Daniel respondeu: "Ó rei, vive para sempre! O meu Deus enviou o seu anjo, que fechou a boca dos leões. Eles não me fizeram mal algum, pois fui considerado inocente à vista de Deus. Também contra ti não cometi mal algum, ó rei." O rei muito se alegrou e ordenou que tirassem Daniel da cova. Quando o tiraram da cova, viram que não havia nele nenhum ferimento, pois ele tinha confiado no seu Deus.

Quando criança, Daniel foi levado para a Babilônia como escravo. Mais tarde, todavia, ele recebeu o favor do rei e foi nomeado um de seus governadores. Como ele amava a Deus acima de tudo, Deus o abençoou com inteligência extraordinária e a capacidade de interpretar visões e sonhos. Ele era político e profeta, e revelava o poder de Deus.

Daniel serviu a Deus durante toda a sua vida sem jamais ceder ao mundo. Ele superou todas as tribulações por que passou com fé de mártir e glorificou a Deus com grandes triunfos de fé. O que devemos fazer para ter a mesma fé que Daniel tinha?

Examinemos, pois, por que Daniel, que era próximo do rei como governador da Babilônia, foi lançado na cova dos leões e como ele sobreviveu àquilo sem nenhum arranhão em seu corpo.

Daniel, Homem de Fé

No reinado de Jeroboão, o Reino Unido de Israel foi dividido em dois – o Reino de Judá (no Sul) e o Reino de Israel (no Norte), devido à decadência do rei Salomão (1 Reis 11:26-36). Os reis e nações que obedeciam às leis de Deus prosperavam, mas aqueles que desobedeciam a elas eram destruídos.

Em 722 a.C, o Reino de Israel foi arrasado pelo ataque da Assíria e inúmeras pessoas foram levadas cativas a essa nação. Embora o Reino de Judá também tivesse sido invadido, ele não foi destruído.

Um tempo depois, o rei Nabucodonosor atacou o Reino de Judá e, na terceira tentativa, conseguiu passar pelos muros de Jerusalém e destruir o templo de Deus. Isso foi em 586 a.C.

No terceiro ano do reino de Joaquim, rei de Judá, Nabucodonosor, rei da Babilônia, foi a Jerusalém e a sitiou. Nesse primeiro ataque, Nabucodonosor amarrou o Rei Joaquim com correntes de bronze e o levou para Babilônia, com alguns artigos da casa de Deus.

Daniel estava entre a família real e a nobreza levadas como os primeiros cativos. Estavam vivendo em terra gentia, mas, ainda assim, Daniel prosperou, enquanto serviu a alguns reis: Nabucodonosor e Belsazar, que foram reis da Babilônia, e Dario e Ciro, que foram reis da Pérsia. Daniel viveu em países gentios por um longo tempo e serviu naqueles lugares como uma das autoridades depois do rei. Entretanto, ele demonstrou ter uma fé que não cedia ao mundo e teve uma vida triunfante como profeta de Deus.

Nabucodonosor, rei da Babilônia, ordenou que o chefe dos seus oficiais trouxesse alguns dos filhos de Israel, incluindo integrantes da família real e dos nobres, jovens sem defeito físico, de boa aparência, cultos, inteligentes, que dominassem os vários campos do conhecimento e fossem capacitados para servir no palácio do rei; e ordenou que ele lhes ensinasse a língua e a literatura dos caldeus, dando-lhes uma porção diária de comida e bebida da mesa do rei. Eles deveriam ser treinados por três anos, e Daniel estava em seu meio (Daniel 1:4-5).

Assim era a fé de Daniel, que queria obedecer às leis de Deus (Daniel 1:8). Deus fez com que ele e seus amigos encontrassem simpatia aos olhos daquele chefe de oficiais (v. 9), que permitiu que eles se abstivessem da comida do rei, alimentando-os com legumes (v. 12).

Uma vez que ele viu fé em Daniel, Deus lhe deu conhecimento e inteligência para conhecer todos os aspectos da cultura e da ciência, e Daniel tinha o dom até de entender todo tipo de sonhos e visões (v. 17). O rei lhe fez perguntas sobre todos os assuntos que exigiam sabedoria e conhecimento, e descobriu que era dez vezes mais sábio do que todos os magos e encantadores de todo o seu reino (v. 20).

Um dia o rei Nabucodonosor, incomodado com o sonho que tivera, não conseguia dormir. Nenhum dos caldeus pôde interpretar seu sonho; mas Daniel conseguiu, pelo poder e sabedoria de Deus. Então o rei promoveu Daniel e o presenteou com ótimos presentes. Fê-lo ser governante de toda a província da Babilônia e o encarregou de todos os sábios da província (Daniel 2:46- 48).

Não somente no reino de Nabucodonosor na Babilônia, mas também no de Belsazar, Daniel ganhou favor e reconhecimento. O rei Belsazar decretou que Daniel teria autoridade como terceiro governante do reino; e quando o rei foi morto e Dario veio ao trono, Daniel continuou achando favor diante da majestade.

O rei Dario nomeou 120 sátrapas para governarem todo o reino, e colocou sobre eles três supervisores. Como Daniel estava se destacando sobre os supervisores e sátrapas por suas qualidades, o rei planejava colocá-lo à frente do governo de todo o império.

Então os supervisores e sátrapas começaram a tentar encontrar motivos para acusar Daniel em sua administração governamental, mas não acharam falta alguma, pois ele era fiel e não era desonesto nem negligente. Eles então passaram a procurar acusações contra Daniel, no que dizia respeito à lei do seu Deus. Pediram ao rei que ele fizesse uma estátua e emitisse um decreto, ordenando que todo aquele que orasse a qualquer deus ou a qualquer homem nos próximos trinta dias, exceto o rei, fosse atirado na cova dos leões. O rei então assinou o decreto conforme as leis dos medos e dos persas, que não podia ser revogado.

Quando Daniel soube que o documento fora assinado, ele foi à sua casa, para o seu quarto no andar de cima, onde as janelas davam para Jerusalém, e ali continuou ajoelhando para orar e dar graças diante de Deus três vezes ao dia, como sempre fazia (Daniel 6:10). Ele sabia que violando o decreto, ele seria lançado na cova dos leões. Entretanto, ele não se importou com o martírio, pois o que importava era que ele estava servindo a Deus.

Mesmo cativo na Babilônia, Daniel sempre se lembrou da graça de Deus e O amou fervorosamente, a ponto de ajoelhar-se no chão, orar e dar graças a Ele três vezes ao dia, sem cessar. A sua fé era forte e ele nunca cedeu ao mundo, mas sempre serviu a Deus.

Daniel Jogado na Cova dos Leões

Aqueles homens, que tinham inveja de Daniel, foram investigar e o encontraram orando ao seu Deus, e logo foram ter com o rei para falar sobre a violação do decreto que ele havia estabelecido. No fim o rei viu que tudo tinha sido na verdade uma armação contra Daniel. Todavia, como ele tinha assinado o documento, nem ele mesmo podia voltar atrás.

O rei ficou muito contrariado naquela situação e decidiu salvar Daniel. Entretanto, os sátrapas e supervisores fizeram o rei cumprir o decreto e ele não teve outra escolha.

O rei foi compelido a lançar Daniel na cova dos leões, e assim foi feito. Depois taparam a cova com uma pedra para que a decisão sobre Daniel não fosse modificada.

Então o rei, que gostava de Daniel, voltou para o palácio e passou a noite em jejum, sem aceitar nenhum divertimento na sua presença e ainda sem conseguir dormir. Ele levantou ao alvorecer e correu para a cova dos leões. Era natural que se esperasse que Daniel, que fora jogado em uma cova cheia de leões famintos, tivesse sido comido por eles; mas o rei, todavia, tinha um fio de esperança de que Daniel podia estar vivo.

Naquela época, muitos condenados eram lançados na cova dos leões e devorados por eles. Como então Daniel não iria ser devorado? Em sua mente, o rei sabia da possibilidade de o Deus que Daniel servia poder salvá-lo. Por isso ele se aproximou da cova e, aflito, o chamou: "Daniel, servo do Deus vivo, será que o seu Deus, a quem você serve continuamente, pôde livrá-lo dos leões?"

Para sua surpresa, ele ouviu a voz de Daniel que lhe dizia: *"Ó rei, vive para sempre! O meu Deus enviou o seu anjo, que fechou a boca dos leões. Eles não me fizeram mal algum, pois fui considerado inocente à vista de Deus. Também contra ti não cometi mal algum, ó rei"* (Daniel 6:21-22).

O rei, muito contente, ordenou que tirassem Daniel da cova. Quando o tiraram, viram que ele não tinha nenhum ferimento. Como isso foi maravilhoso! Esse foi o grande triunfo que foi possível por causa da fé que Daniel tinha em Deus! Por ele ter confiado Nele, ele sobreviveu à cova de leões famintos e revelou a Sua glória aos gentios.

Ainda por cima, por ordem do rei, os homens que tinham acusado Daniel foram atirados na cova dos leões, junto com as suas mulheres e os seus filhos. Antes de chegarem ao fundo, os leões os atacaram e despedaçaram todos os seus ossos (Daniel 6:24). Dario depois escreveu a todos os povos, nações e línguas, para que pudessem saber o que Deus tinha feito e temê-Lo.

O rei lhes declarou: *"Estou editando um decreto para que em todos os domínios do império os homens temam e reverenciem o Deus de Daniel.* *"Pois ele é o Deus vivo e permanece para sempre; o seu reino não será destruído, o seu domínio jamais acabará. Ele livra e salva; faz sinais e maravilhas nos céus e na terra. Ele livrou Daniel do poder dos leões"* (Daniel 6:26-27).

Que triunfo de fé! Tudo isso porque nenhum pecado foi achado em Daniel e ele confiou completamente em Deus. Se andamos segundo a palavra de Deus e habitamos no Seu amor, independente das circunstâncias, Deus nos mostra uma saída e nos faz triunfar.

Daniel, um Vencedor de Grande Fé

Que tipo de fé Daniel tinha para poder glorificar a Deus de forma tão intensa? Olhemos para a fé de Daniel, a fim de podermos vencer todo tipo de tribulação e aflição, e revelar, nas nossas vidas, a glória de Deus a muitas pessoas.

Em primeiro lugar, Daniel nunca abriu mão da sua fé; jamais se comprometeu com o mundo. Como um dos supervisores da Babilônia, Daniel era responsável pela administração geral da nação e sabia muito bem que seria lançado na cova dos leões, se ele desobedecesse ao decreto do rei. Entretanto, ele jamais seguiu a sabedoria ou os pensamentos humanos. Ele não teve medo dos homens que armaram contra ele. Ele se ajoelhou no chão e orou a Deus como de costume. Se Daniel tivesse seguido os pensamentos humanos, ele teria parado de orar a Deus durante os 30 dias do decreto do rei, ou teria orado em um quarto secreto. Ele, todavia, não fez nenhuma das duas coisas; não quis poupar a sua vida nem cedeu ao mundo. Por amor a Deus, ele manteve a fé.

Em suma, pelo fato de sua fé ser uma fé de martírio, apesar de ele saber que o documento tinha sido assinado, ele foi para casa, para as janelas do quarto que davam para Jerusalém e continuou ajoelhando três vezes ao dia, orando e dando graças diante de Deus, como fazia de costume.

Em segundo lugar, Daniel tinha a fé para não parar de orar. Mesmo diante de uma situação em que ele precisava se preparar para a sua própria morte, ele orou a Deus como sempre fazia. Ele não quis cometer o pecado de parar de orar (1 Samuel 12:23).

A oração é a respiração do nosso espírito, assim, não devemos parar de orar. Quando tribulações e aflições vêm sobre nós, temos de orar e, quando estamos em paz, temos de orar também, para que não possamos cair em tentação (Lucas 22:40). Como Daniel não parou de orar, ele pôde ficar firme na fé e vencer as tribulações.

Em terceiro lugar, Daniel teve a fé pela qual ele deu graças a Deus sob toda circunstância.
Muitos pais da fé registrados na Bíblia deram graças a Deus em todas as coisas pela fé, pois sabiam que essa é a atitude de quem tem a fé verdadeira. Quando Daniel foi lançado na cova dos leões por seguir as leis de Deus, aquilo foi um triunfo da fé. Mesmo se ele tivesse sido devorado pelos leões, ele teria ido para os braços de Deus e vivido no Seu eterno reino. Independente do que aconteceria, Daniel não teve medo algum! Quando uma pessoa crê completamente, ela não tem medo da morte.

Mesmo se Daniel vivesse em paz como governante, aquilo seria apenas uma honra momentânea. Se, entretanto, ele mantivesse a fé e tivesse uma morte de mártir, ele seria reconhecido por Deus, considerado grande no reino dos céus e viveria em eterna glória. É por isso que tudo que ele fez foi dar graças.

Em quarto lugar, Daniel nunca pecou. Ele tinha a fé com a qual ele seguiu e praticou a palavra de Deus.
No que se dizia a respeito do seu trabalho administrativo, nenhuma acusação contra Daniel pôde ser encontrada. Não havia traço algum de corrupção, negligência ou desonestidade

nele. Como sua vida era pura!

Daniel não tinha nenhum ressentimento ou sentimento mau em relação ao rei, que ordenara que ele fosse lançado na cova dos leões. Prova disso é que ele falou com o rei: "Ó rei, vive para sempre!" Se esse teste tivesse vindo sobre a vida de Daniel devido aos seus pecados, Deus não poderia tê-lo protegido. No entanto, como ele não pecava, ele pôde ser protegido por Deus.

Em quinto lugar, Daniel tinha a fé com a qual Ele conseguiu crer só e completamente em Deus.

Se temos um temor referente a Deus, confiamos Nele completamente e colocamos todas as áreas da nossa vida em Suas mãos, Ele resolve todos os tipos de problemas que tivermos de enfrentar. Daniel confiava completamente em Deus. Assim, ele não cedeu ao mundo, mas escolheu a lei de Deus e pediu a Ele a Sua ajuda. Deus viu a fé de Daniel e fez com que tudo trabalhasse para o bem dele. Bênçãos sobre bênçãos vieram sobre a sua vida e Deus foi grandemente glorificado.

Se a nossa fé for como a de Daniel, poderemos vencer qualquer tipo de tribulação ou dificuldade e fazer com que tudo se transforme em oportunidades de bênçãos, testemunhando o poder de Deus. O inimigo fica ao derredor buscando a quem possa devorar. Assim, temos de resistir ao diabo com uma fé forte e viva na proteção de Deus, obedecendo sempre à Sua palavra.

Através de tribulações que vêm sobre nós e duram por um instante, Deus nos aperfeiçoa, confirma e nos restaura (1 Pedro 5:10). Que você possa ter a mesma fé que Daniel tinha, andar com Deus em todo o tempo e glorificá-Lo. Em nome do nosso Senhor Jesus Cristo, eu oro!

Capítulo 7

Deus Provê Com Antecedência

Gênesis 22:11-14

Mas o Anjo do Senhor o chamou do céu: "Abraão! Abraão!" "Eis-me aqui", respondeu ele. "Não toque no rapaz", disse o Anjo. "Não lhe faça nada. Agora sei que você teme a Deus, porque não me negou seu filho, o seu único filho." Abraão ergueu os olhos e viu um carneiro preso pelos chifres num arbusto. Foi lá pegá-lo, e o sacrificou como holocausto em lugar de seu filho. Abraão deu àquele lugar o nome de "O Senhor Proverá." Por isso até hoje se diz: "No monte do Senhor se proverá."

Jeová-jiré! Como é agradável ouvir esse nome! Significa que Deus prepara tudo com antecedência. Hoje muitos crentes em Deus sabem que Ele trabalha por nós, prepara-nos as coisas e nos guia. Entretanto, a maioria das pessoas não experimenta essa palavra de Deus em sua trajetória na fé. A palavra "Jeová-jiré" é de bênção, justiça e esperança. Todo mundo deseja e anseia por essas coisas. Se não entendermos o caminho a que essa palavra se refere, não conseguiremos ter uma vida de bênçãos. Dessa maneira, quero compartilhar a fé de Abraão com você; ele que foi um homem exemplar que recebeu a bênção do "Jeová-jiré."

Abraão Colocava a Palavra de Deus Acima de Todas as Coisas

Em Marcos 12:30, Jesus disse: *"Ame o Senhor, o seu Deus, de todo o seu coração, de toda a sua alma, de todo o seu entendimento e de todas as suas forças."* Como descrito em Gênesis 22:11-14, Abraão amava a Deus a ponto de ele poder se comunicar com Ele face a face, entendia a Sua vontade e recebeu a bênção do Jeová-Jiré. Você deve entender que ele ter recebido tudo isso não foi por acaso.

Abraão colocava Deus em primeiro lugar e considerava a Sua palavra como a coisa mais preciosa do mundo. Assim, ele não seguia seus próprios pensamentos e estava sempre pronto para obedecer a Deus. Por ele ser verdadeiro diante de Deus e não ter em si nenhuma falsidade, ele estava com seu coração preparado para receber bênçãos.

Em Gênesis 12:1-3, Deus disse a Abraão, *"Então o Senhor disse a Abrão: Saia da sua terra, do meio dos seus parentes e da casa de seu pai, e vá para a terra que eu lhe mostrarei. Farei de você um grande povo, e o abençoarei. Tornarei famoso o seu nome, e você será uma bênção. Abençoarei os que o abençoarem e amaldiçoarei os que o amaldiçoarem; e, por meio de você, todos os povos da terra serão abençoados."*

Naquela situação, se Abraão tivesse utilizado pensamentos humanos, ele se sentiria aflito diante da ordem de Deus, de sair de sua terra, do meio dos seus parentes e da casa do seu pai. Contudo, ele considerava o Pai, o Criador, acima de todas as coisas e, dessa forma, ele pôde obedecer à Sua vontade. Semelhantemente, se amarmos verdadeiramente a Deus, poderemos obedecer-Lhe com alegria, pois creremos que Deus estará fazendo com que tudo coopere para o nosso bem.

Muitas partes da Bíblia nos mostram que diversos patriarcas da fé, que tinham a palavra de Deus como a coisa mais importante de tudo e andavam segundo ela. 1 Reis 19:20-21 diz: *"Eliseu deixou os bois e correu atrás de Elias. 'Deixa-me dar um beijo de despedida em meu pai e minha mãe', disse, 'e então irei contigo.' 'Vá e volte', respondeu Elias; 'lembre-se do que lhe fiz.' E Eliseu voltou, apanhou a sua parelha de bois e os matou. Queimou o equipamento de arar para cozinhar a carne e a deu ao povo, e eles comeram. Depois partiu com Elias, tornando-se o seu auxiliar."* Quando Deus chamou Eliseu através de Elias, ele abandonou imediatamente tudo o que tinha e foi obedecer à vontade de Deus.

Foi o mesmo com os discípulos de Jesus. Quando Jesus os chamou, eles imediatamente O seguiram. Mateus 4:18-22 nos diz: *"Andando à beira do mar da Galileia, Jesus viu dois irmãos: Simão, chamado Pedro, e seu irmão André. Eles estavam lançando redes ao mar, pois eram pescadores. E disse Jesus: 'Sigam-me, e eu os farei pescadores de homens.' No mesmo instante eles deixaram as suas redes e o seguiram. Indo adiante, viu outros dois irmãos: Tiago, filho de Zebedeu, e João, seu irmão. Eles estavam num barco com seu pai, Zebedeu, preparando as suas redes. Jesus os chamou, e eles, deixando imediatamente seu pai e o barco, o seguiram."*

É por isso que eu quero muito incentivá-lo a ter uma fé pela qual você possa obedecer a tudo aquilo que Deus pode querer que faça, e considerar a palavra de Deus acima de qualquer outra coisa, para que Ele possa fazer com que tudo coopere para o seu bem, pelo Seu poder.

Abraão Sempre Respondeu "Sim!"

De acordo com a palavra de Deus, Abraão deixou o seu país, Harã, e desceu para a terra de Canaã. Contudo, devido à fome, ele teve de mudar para o Egito (Gênesis 12:10), onde chamou sua mulher de 'irmã' para não ser assassinado. A respeito disso, alguns dizem que ele enganou as pessoas ao seu redor, mas, na verdade, ele não mentiu para elas, apenas usou o seu pensamento humano. É provado que, quando Deus ordenou que ele deixasse a sua terra, ele o fez sem medo algum. Assim, não podemos considerar que ele disse que sua mulher era sua irmã porque ele era um covarde. Abraão fez aquilo porque, além de ela ser de fato sua prima, ele achou que seria melhor chamá-la de 'irmã' do que 'mulher'.

Durante o tempo em que Abraão ficou no Egito, ele foi refinado por Deus para que ele conseguisse confiar completamente Nele, com uma fé perfeita, sem interferência alguma de pensamentos ou sabedoria humana. Ele estava sempre prestes a obedecer, mas ainda tinha pensamentos carnais, dos quais precisava se livrar. Através dessa provação, Deus fez com que o faraó do Egito o tratasse bem. Deus deu a Abraão muitas bênçãos, incluindo gado, ovelhas, camelos, jumentos, servos e servas.

Isso nos diz que, quando provações vêm sobre nós porque não obedecemos, passaremos por dificuldades; mas quando elas vêm por causa de pensamentos carnais dos quais ainda não nos despojamos, embora sejamos obedientes, Deus faz com que tudo coopere para o nosso bem.

Essa provação ensinou Abraão a dizer simplesmente "Amém" e obedecer a tudo o que Deus lhe ordenava. Mais tarde, Deus pediu até que ele oferecesse Isaque, seu único filho, como sacrifício a Ele. Gênesis 22:1 diz: *"Passado algum tempo, Deus pôs Abraão à prova, dizendo-lhe: Abraão! Ele respondeu: 'Eis-me aqui.'"*

Quando Isaque nasceu, Abraão tinha 100 anos de idade e sua esposa, Sara, tinha 90. Se considerássemos suas idades, seria totalmente impossível eles gerarem um filho sem a graça e a promessa de Deus. Pois Isaque nasceu e, naturalmente, era considerado por eles mais precioso do que qualquer outra coisa. Ele era a semente da promessa de Deus. Quando, pois, Deus ordenou Abraão que oferecesse seu filho como sacrifício (como um animal!), ele ficou muito surpreso – aquilo ultrapassava a lógica do pensamento humano.

Entretanto, uma vez que Abraão cria que Deus poderia ressuscitar Isaque, ele obedeceu à Sua ordem (Hebreus 11:17-19), isto é, tendo destruído todo pensamento carnal, Abraão pôde ter a fé que tornaria possível cumprir a ordem do Criador.

Deus viu a fé de Abraão e veio com a providência de um cordeiro no lugar de Isaque, para que Abraão não levantasse a mão contra seu próprio filho. Abraão viu um carneiro preso pelos chifres num arbusto e o queimou como oferta. Aquele lugar recebeu o nome de 'O SENHOR Proverá'.

Deus louvou Abraão por sua fé, dizendo em Gênesis 22:12: *"'Não toque no rapaz', disse o Anjo. 'Não lhe faça nada. Agora sei que você teme a Deus, porque não me negou seu filho, o seu único filho'"*, e lhe fez uma incrível promessa nos versículos 17 e 18: *"esteja certo de que o abençoarei e farei seus descendentes tão numerosos como as estrelas do céu e como a areia das praias do mar. Sua descendência conquistará as cidades dos que lhe forem inimigos e, por meio dela, todos os povos da terra serão abençoados, porque você me obedeceu."*

Mesmo que a sua fé não tenha atingido o nível da fé de Abraão, às vezes você pode já ter experimentado a bênção 'O SENHOR Proverá'. Tente lembrar-se de alguma vez em que você estava para fazer algo e descobriu que Deus já tinha preparado as coisas para você. Aquilo foi possível porque, naquele momento, o seu coração estava segundo o coração de Deus. Se você conseguir ter a mesma fé que Abraão tinha e obedecer a Deus completamente, você viverá na bênção 'O SENHOR proverá' o tempo todo, em todo lugar. Que vida em Cristo maravilhosa será a sua!

A fim de que você possa receber a bênção do Jeová-jirá – 'O SENHOR proverá', você precisa dizer "Amém" a todo tipo de ordem de Deus e andar somente segundo a Sua vontade, sem insistir em nenhum dos seus próprios pensamentos. Você precisa ganhar reconhecimento de Deus. É por isso que Deus nos diz claramente que obedecer é melhor do que sacrificar (1 Samuel 15:23).

Jesus era Deus em Si, mas não considerou que o ser igual a Ele era algo que devia apegar-Se, e esvaziou-se a Si mesmo, tomando forma de homem e servo. Ele Se humilhou e foi obediente até a morte (Filipenses 2:6-8). A respeito de Sua total obediência, 2 Coríntios 1:19-20 diz: *"pois o Filho de Deus, Jesus Cristo, pregado entre vocês por mim e também por Silvano e Timóteo, não foi 'sim' e 'não', mas nele sempre houve 'sim'; pois quantas forem as promessas feitas por Deus, tantas têm em Cristo o 'sim.' Por isso, por meio dele, o 'Amém' é pronunciado por nós para a glória de Deus."*

Visto que o único Filho de Deus só disse "Sim", nós, sem dúvidas, também devemos dizer "Amém" a tudo que Deus nos disser, a fim de glorificarmos a Ele e recebermos a bênção 'O SENHOR Proverá'.

Abraão Buscava a Paz e a Santidade em Todas as Coisas

Como ele considerava a palavra de Deus como a coisa mais

importante de tudo e amava a Deus mais do que qualquer outra coisa, Abraão só dizia "Amém" às palavras do Criador e obedecia a elas completamente, a fim de agradar-Lhe.

Além disso, Abraão veio a ser totalmente santificado e sempre semeava paz para todos ao seu redor, de modo que ele ganhou o reconhecimento de Deus.

Em Gênesis 13:8-9, ele disse ao seu sobrinho Ló: *"Então Abrão disse a Ló: 'Não haja desavença entre mim e você, ou entre os seus pastores e os meus; afinal somos irmãos! Aí está a terra inteira diante de você. Vamos separar-nos. Se você for para a esquerda, irei para a direita; se for para a direita, irei para a esquerda.'"*

Ele era mais velho do que Ló, mas deu a Ló o direito de escolher a terra que quisesse, sacrificando o seu eu. Vemos, pois, que Abraão não procurava os seus próprios interesses, mas sim os dos outros, em amor espiritual. Da mesma forma, se você vive na verdade, você não deve brigar ou discutir com os outros ou se orgulhar de alguma coisa, mas sim, ficar em paz com todos.

Em Gênesis 14:12-16, vemos que quando Abraão soube que seu sobrinho Ló tinha sido levado cativo, ele mandou convocar 318 homens treinados, nascidos em sua casa, saiu em perseguição dos inimigos, e recuperou Ló e todas as suas posses, juntamente com as mulheres e prisioneiros que haviam sido levados também. Como Abraão era completamente reto e andava no caminho certo, ele deu a Melquisedeque, rei de Salém, a décima parte de todos os seus ganhos, e devolveu o resto ao rei de Sodoma dizendo: *"não aceitarei nada do que lhe pertence, nem mesmo um cordão ou uma correia de sandália, para que você jamais venha a dizer: 'Eu enriqueci Abrão'"* (v. 23). Portanto, Abraão não apenas buscou a paz em todas as áreas de sua vida, mas também andou de forma reta e inculpável.

Hebreus 12:14 diz: *"Esforcem-se para viver em paz com todos e para serem santos; sem santidade ninguém verá o Senhor."* Quero muito que você entenda que Abraão pôde receber a bênção de Jeová-jiré, 'O SENHOR Proverá', porque ele buscava a paz com todos os homens e alcançou total santificação. Quero também encorajá-lo a se tornar o mesmo tipo de pessoa que ele era.

Crendo no Poder de Deus, o Criador

Para que possamos receber a bênção 'O SENHOR Proverá', devemos crer no poder de Deus. Hebreus 11:17-19 nos ensina: *"Pela fé, Abraão, quando Deus o pôs à prova, ofereceu Isaque como sacrifício. Aquele que havia recebido as promessas estava a ponto de sacrificar o seu único filho, embora Deus lhe tivesse dito: 'Por meio de Isaque, a sua descendência será considerada', Abraão levou em conta que Deus pode ressuscitar os mortos e, figuradamente, recebeu Isaque de volta dentre os mortos."* Abraão creu que o poder de Deus, o Criador, era capaz de fazer tudo possível e, assim, pôde obedecer a Deus, sem seguir nenhum tipo de pensamento humano carnal.

O que você faria se Deus lhe pedisse para oferecer o seu único filho como sacrifício a Ele? Se você crer no poder Dele, para Quem nada é impossível, por mais que pareça loucura aos olhos humanos, você obedeceria. Depois você certamente receberia a bênção 'O SENHOR Proverá.'

Uma vez que o poder de Deus não tem limites, Ele prepara tudo com antecedência e nos retribui com bênçãos quando Lhe obedecemos completamente, sem ter nenhum tipo de pensamento carnal, como Abraão. Se existir algo que amamos mais do que a Deus ou se só dissermos "Amém" a coisas que estão de acordo com nossos pensamentos e teorias, então jamais poderemos receber a bênção 'O SENHOR Proverá'.

Como dito em 2 Coríntios 10:5, *"Destruímos argumentos e toda pretensão que se levanta contra o conhecimento de Deus, e levamos cativo todo pensamento, para torná-lo obediente a Cristo"*, para recebermos e experimentarmos a bênção 'O SENHOR Proverá', temos de nos despojar de todo pensamento humano e possuir fé espiritual, através da qual podemos dizer "Amém." Se Moisés não tivesse fé espiritual, como ele poderia ter dividido o Mar Vermelho? Sem fé espiritual, como Josué poderia ter destruído a cidade de Jericó?

Se você obedecer somente às coisas que se encaixam nos seus próprios pensamentos e conhecimento, isso não é obediência espiritual. Deus cria as coisas a partir do nada. Assim, como pode o Seu poder ter a mesma força e conhecimento que o poder do homem, que precisa de algo para conseguir criar alguma outra coisa?

Mateus 5:39-44 diz o seguinte: *"Mas eu lhes digo: Não resistam ao perverso. Se alguém o ferir na face direita, ofereça-lhe também a outra. E se alguém quiser processá-lo e tirar-lhe a túnica, deixe que leve também a capa. Se alguém o forçar a caminhar com ele uma milha, vá com ele duas. Dê a quem lhe pede, e não volte as costas àquele que deseja pedir-lhe algo emprestado. Vocês ouviram o que foi dito: 'Ame o seu próximo e odeie o seu inimigo'. Mas eu lhes digo: Amem os seus inimigos e orem por aqueles que os perseguem."*

Como a palavra da verdade de Deus é diferente dos nossos próprios pensamentos e conhecimento! É por isso que eu quero incentivá-lo a manter em mente que, se você tentar dizer "Amém" só para aquilo que se encaixa nos seus pensamentos, não poderá realizar o reino de Deus e receber a bênção 'O SENHOR Proverá'.

Mesmo com fé no Deus Soberano, você fica aflito, ansioso

ou preocupado quando enfrenta problemas? Então a sua fé não pode ser considerada uma fé verdadeira. Se a sua fé for de verdade, você confiará no poder de Deus e entregará tudo nas mãos Dele, com alegria e ações de graças.

Que cada um de vocês possa colocar Deus em primeiro lugar, ser obediente o bastante para dizer sempre apenas "Amém" a toda palavra Dele, buscar a santidade e a paz com todos e crer no poder de Deus, que pode ressuscitar mortos, para que possa receber e desfrutar da bênção 'O SENHOR Proverá'. Em nome do Senhor Jesus Cristo, eu oro!

O Autor:
Dr. Jaerock Lee

Dr. Jaerock Lee nasceu em Muan, Província Jeolla Sul, República da Coréia do Sul, em 1943. Aos vinte anos, Dr. Lee sofria de várias doenças incuráveis. Por sete anos seguidos esperou a morte sem esperança de recuperação. Um dia, durante a primavera de 1974, foi levado por sua irmã a uma Igreja e, quando se ajoelhou para orar, o Deus vivo imediatamente o curou de todas as enfermidades.

No momento em que Dr. Lee conheceu o Deus vivo através daquela incrível experiência, ele amou a Deus com todo o seu coração e sinceridade e, em 1978, foi chamado para ser servo de Deus. Ele orava tão fervorosamente que podia entender claramente a vontade de Deus e cumpri-la totalmente. Ele obedeceu à Palavra de Deus. Em 1982, fundou a Igreja Manmin Joong-ang, em Seul, Coréia do Sul. Inúmeras obras, incluindo curas milagrosas e maravilhas, tomaram lugar naquela Igreja.

Em 1986, Dr. Lee foi consagrado pastor na Assembléia Anual da Igreja Sungkyul e, quatro anos depois, em 1990, seus sermões foram transmitidos para Austrália, Estados Unidos, Rússia, Filipinas e muitos outros locais ao longo da Companhia de Transmissão do Extremo Oriente, a Estação de Transmissão Asiática e o Sistema de Rádio Cristão de Washington.

Três anos depois, em 1993, a Igreja Central Manmin Joong-ang foi escolhida uma das "Cinqüenta maiores Igrejas do Mundo" pela revista *Christian World* e o Dr. Lee recebeu o Doutorado Honorário em Divindade pela Escola da Fé Cristã, na Flórida, Estados Unidos. Em 1996, tornou-se P.H.D em Ministério pelo Seminário Teológico de Kingsway, em Iowa, nos Estados Unidos.

Desde 1993 Dr. Lee tem liderado a evangelização mundial através de muitas cruzadas internacionais na Tanzânia, Argentina, Los Angeles, Baltimore City, Havaí, Nova Iorque, Uganda, Japão, Paquistão, Quênia, Filipinas, Honduras, Índia, Rússia, Alemanha, Peru, República Democrática do Congo, Israel, e Estônia.

Em 2002, foi chamado de "pastor internacional" pelos maiores jornais cristãos da Coréia, por seu trabalho nessas cruzadas. Em especial, sua